प्रसंगवश

प्रसंगवश

डॉ. नरेन्द्र तिवारी

JPD
JAWAHAR PUBLISHERS & DISTRIBUTORS

First published in India in 2016 by
JAWAHAR PUBLISHERS & DISTRIBUTORS, Delhi

ISBN: 978-93-85494-06-2

JAWAHAR PUBLISHERS & DISTRIBUTORS
46, Samachar Apartment, Mayur Vihar-I, New Delhi 110091
Email: jawaharpdd@gmail.com Mobile: 9654054681

Design by
Greycells , Delhi

Printed and Bound in
Roshan Offset, Vijay Park, Delhi

₹ 995/-

डॉ नरेन्द्र तिवारी एक चिकित्सक ही नहीं बल्कि एक साहित्यकार भी हैं। यह ग्रंथ डायरी रुप में समय-समय पर पत्र पत्रिकाओं में व्यक्त उनके मनोभावों का संकलन है। जिसमें उनकी अंतर्दृष्टि, संवेदना, कर्मठता, राष्ट्रदर्शन व सामाजिक सरोकार साफ झलकते हैं।

हृदय को स्पंदित करने वाले मर्मस्पर्शी विचारों का अनंत सोपान है यह प्रसंगवश।

विषय सूची

योग हिन्दूवाद नहीं है

योग का सीधा अर्थ है जोड़ना। शरीर से मन को जोड़ना, मन को आत्मा से जोड़ना और आत्म तत्व को परमात्व से जोड़ना। यह मानव कल्याण के लिए है। हम किस जाति में, किस वर्ग में, किस राष्ट्र में पैदा हुए हैं यह कोई मायने नही रखता। मूल बात है हमारे अन्दर छिपी हुई जो चेतना है उसे जगाने की ताकि हम मानव कल्याण की बात सोच सकें। भारतीय संसद के केन्द्रीय कक्ष के प्रवेश द्वार में पीतल के अक्षरों में एक श्लोक लिखा है।

''अयं निजः परोवेति गणना लघुचेतसाम।
उदार चरितानाम् त वसुधैव कुटुम्बकम्।।''

अपने और दूसरे के संकुचित दायरे से ऊपर उठकर सारी सृष्टि की मानवता के साथ प्रेम भाव का रागात्मक सम्बन्ध स्थापित करते हुए शान्ति सुव्यवस्था से जीवनयापन करना और सम्पूर्ण विश्व में मानव मात्र को अपना कुटुम्ब मानकर समाचरण करना युग–युग से हमारे महान पूर्वजों का उद्घोष रहा है, उसी के अनुसार हमारा व्यावहारिक जीवन भी रहा है। भारतीय स्वतंत्र राष्ट्र ने संसार की समस्त मानवता को पारिवारिक सन्दर्भ में देखा है यह योग की ही देन है।

जगत्गुरू शंकराचार्य ने अपनी नैतिक प्रार्थना में तीनों भुवनों को ही अपना देश घोषित कर दिया था, उनकी राष्ट्रीयता कितनी व्यापक और विशाल थी।

"शिव भक्त मम वान्धवा स्वदेशे मुवनमत्रयः"

सबके कल्याण की कामना करने वाले मेरे बान्धव हैं। उन्होंने कहीं भी हिन्दू, मुस्लिम, सिक्ख या ईसाई शब्द नहीं कहा, जो भी सबके कल्याण की कामना करता है वही मेरा बान्धव है। "हिन्दू" शब्द तो मुस्लिम शासन काल में अवतरित हुआ। इसके पहले यह शब्द किसी भी प्राचीन ग्रन्थ में नहीं मिलता। अंग्रेजी राज्य में अंग्रेजों ने हिन्दू मुसलमान में अलगाव की नीति को अपने राजनैतिक स्वार्थो की सिद्धि के लिए संचालित किया। मुस्लिम शासन काल में देशी और विदेशी का तनाव या युद्ध होता था, हिन्दू मुसलमान का प्रश्न तो कभी उभर कर सामने आया ही नहीं।

इतिहास साक्षी है कि भारतवर्ष दुनिया में उन्नति के शिखर पर तभी रहा जब इसकी एकता, अखण्डता बनी रही तथा जातिपाँति के बन्धन ढीले रहे हैं। छुआ–छूत नाम की कोई चीज नहीं थी। चाहे वह बुद्धकाल हो, अशोक काल हो, गुप्तकाल हो, या रामायण –महाभारत काल हो। इस राष्ट्र ने समीपता, जातीयता और साम्प्रदायिकता या अन्य प्रकार के संकुचित दायरों से उठकर "वसुधैव कुटुम्बकम्" के व्यापक वातावरण में सारी दुनिया का नेतृत्व किया है।

कभी–कभी हमारे यहाँ रामराज्य लाने की बात भी कही जाती है जिससे बहुत से सम्प्रदाय के लोग नाराज हो जाते हैं। राम के एक पुरोहित थे जिनका नाम विश्वामित्र था तथा एक गुरू थे जिनका नाम वशिष्ठ था। राम बनने के लिए पहले पूरे विश्व को अपना मित्र बनाना पड़ेगा तब वह विशिष्ट पुरुष स्वतः हो जायेगा और इस तरह से रामराज्य स्वतः आ जोयगा।

पूरे रामचरितमानस में एक शब्द भी किसी सम्प्रदाय या धर्म के विरुद्ध नहीं है। बालकाण्ड के आरम्भ में ही तुलसी ने लिखा है –

"कीरति भनित भूति भलि भाई।
सुरसरि सम सब कर हित होई।।"

सबकर शब्द का प्रयोग रामायण में अनेक स्थलों पर हुआ है। कीर्ति काव्य और ऐश्वर्य वही सराहनीय है जिसे सबका भला हो, आगे एक जगह लिखा है–

"वट विश्वास अचल निज धर्मा।
तीरथराज समाज सुकर्मा।।
सबहिं सुलभ सब दिन सब देसू।
सादर सेवहिं समन कलेशू।।"

अपने धर्म के प्रति अटल विश्वास ही अक्षय वट है। सुन्दर कर्म करने वालों का समाज ही तीर्थराज है। जो प्रत्येक देश तथा भूखण्ड, प्रत्येक समाज में सभी कालों, सभी लोगों को सुलभ हो सकता है और जिसके सेवन से ही कलेश का समन हो सकता है। इतना ही नहीं–

"परहित सरिस धर्म नहिं भाई।
परपीड़ा सम नहिं अधमाई।।"

सबसे बड़ा धर्म परोपकार बतलाकर सारे मानव समूह को एक सूत्र में बांधने का प्रयास किया। एक सूफी ने भी कहा है कि–

"जिसने अपने को पहचाना उसने ईश्वर को पहचाना"

महात्मा ईसा ने भी यही कहा–''जिसने हमें पहचाना उसने ईश्वर को पहचान लिया''। अतएव सभी नाम, सभी काम, सभी रूप उसी ईश्वर के ही हैं। सन्त मलूकदास ने इस भाव को व्यक्त किया है–

''सभहन के हम, सभे हमारे, जीव जन्तु सब मोहि पियारे।''

आज जो विश्व के सामने समस्यायें खड़ी हैं उसका एकमात्र कारण मनुष्यता का पशुता में बदलना ही है। यदि मानवता पशुता की ओर जाने से रुकेगी, यदि मानवता को देवत्व में रूपान्तरित होने का मौका मिलेगा तो इसमें सन्देह नहीं कि इसका श्रेय हमारे पूर्वजों को ही मिलेगा और वह परिवर्तन दण्ड व्यवस्था से रहित, राज्य व्यवस्था से रहित, बौद्धिक व्यवस्था से रहित, समाज व्यवस्था से रहित केवल 'योग' व्यवस्था से ही संभव है क्योंकि मन नहीं बदलेगा तो समाज कैसे बदलेगा, मन नही बदलेगा तो मनुष्य कैसे बदलेगा। दुनिया की कोई भी ताकत मुझे नहीं बदल सकती जब तक कि मैं स्वयं न अपने को बदलूँ। अपने को बदलने की एक सीढ़ी है जिस पर चढ़कर हम धीरे-धीरे अपने को बदल सकते हैं वह है योग की सीढ़ी।

योग के मुख्यतः आठ अंग हैं क्रमशः जिनके अभ्यास से हम अपने को पूर्ण रूप से बदल सकते हैं–

1. यम	ब्रम्हचर्य आश्रम	प्रवृति योग	एक ईश्वर
2. नियम			
3. आसन	गृहस्थ आश्रम		
4. प्राणायाम			
5. प्रत्याहार	वानप्रस्थ आश्रम	निवृति योग	
6. धारणा			
7. ध्यान	सन्यास आश्रम		
8. समाधि			

'हिन्दुस्थान' 21–6–2015 विश्व योग दिवस पर, दैनिक जागरण 19–5–2009

रत्नों से ज्यादा उपयोगी हैं जड़े

जागरण संवाददाता, लखनऊः क्या ज्योतिष, चिकित्सा के क्षेत्र में भी सहायक हो सकती है? डा0 नरेन्द्र तिवारी कहते हैं 'हाँ'। बी0एच0यू0 ने तो इसका व्यवहारिक उपयोग भी शुरू कर दिया है। हाल ही में संस्कृत विद्या संकाय ने यहाँ ओ0पी0डी0 शुरू की है जिसमें कुण्डली और लक्षण देखकर बीमारी डायग्नोस की जाती है और इसके बाद दवाओं के माध्यम से उपचार होता है। होम्योपैथ, योग एवं प्राकृतिक चिकित्सा के पूर्व शिक्षक और काशी विद्यापीठ के कार्यपरिषद के सदस्य डा0 नरेन्द्र तिवारी इन दिनों इस नई विद्या पर शोध कर रहे हैं। जल्द ही उनकी इस विषय पर एक पुस्तक आने वाली है। कहते हैं, ग्रहों की स्थिति का व्यक्ति के शरीर पर प्रभाव पड़ता है। यदि चन्द्रमा कमजोर है तो गले में टॉन्सिल की समस्या रहेगी। इसी तरह अन्य ग्रहों व उपग्रहों का भी

पड़ता है। ऐसे में व्यक्ति विशेष की कुन्डली देखकर बीमारी की सही दिशा जानी जा सकती है।

रत्नों से बेहतर जड़ें:- डा0 तिवारी के मुताबिक ग्रहों के प्रभाव से पैदा होने वाले विकारों का शमन रत्नों के माध्यम से भी हो सकता है, लेकिन जरूरी नहीं कि महंगे रत्न ही पहने जाएं। देखा गया है कि कई बार पौधों की जड़े रत्नों से अधिक कारगर हुई हैं। जैसे, रूबी के स्थान पर वेल की जड़ पहनी जा सकती है, मूंगे की जगह अनन्तमूल लाभदायक है; जबकि चन्द्रमा कमजोर होने पर खिन्नी की जड़ पहनी जा सकती है।

1–सूर्य	– माणिक्य	–	वेल की जड़
2–चन्द्र	– मोती	–	खिन्नी की जड़
3–मंगल	– मूंगा	–	अनन्तमूल या नागफनी की जड़
4–वुध	– पन्ना	–	विधारा या चिड़चिड़ा की जड़
5–गुरू	– पोखराज	–	केले या हल्दी की जड़
6–शुक्र	– हीरा	–	अरण्ड या अनार की जड़
7–शनि	– नीलम	–	शम्मी या विछुआ या चन्दन की जड़
8–राहु	– गोमेद	–	लटजीरा या धतूरा की जड़
9–केतु	– लहसुनिया	–	अश्वगन्धा या पत्थरचटा की जड़

"दैनिक जागरण" (लखनऊ) 15अगस्त 2014

जीव साधक है, परमात्मा साध्य

स्थूल देह के ज्ञान की आवश्यकता सबको होती है। मोक्ष के लिए योगी को अपनी ही देह से कार्य करना होता है इसलिए उसका ज्ञान जरूरी है। पहला शरीर 'स्थूल काया' हैं, इसी में बाकी शरीर भी रहता है।

1. अन्नमय शरीर 2. प्राणमय शरीर 3. मनोमय शरीर
4. विज्ञानमय शरीर तथा 5. आनन्दमय शरीर

इन सभी के पारस्परिक संबंध के बिना तो जीव का धर्म, अर्थ, काम, मोक्ष कुछ भी सिद्ध नहीं होता।

स्थूल देह के लिए भोजन जरूरी है। त्रिगुणात्मक (सतोगुण, तमोगुण, रजोगुण) पंच भौतिक आहार में जो गुण प्रधान होता है, वह अपना प्रभाव स्थूल शरीर पर प्रकट कर देता है और स्थूल शरीर वैसा ही तद्‌गुण प्रधान बन जाता है किंतु ये पदार्थ भी देह में जाकर सर्व प्रथम रस, रक्त के रजोगुण रूपों में परिणिति होते हैं फ़िर आहार का तामसिक स्थूल भाग मल, मूत्र, स्वेद, प्रश्वास आदि के रूपों में बाहर निकल जाता है, किंतु रस-रक्त का सात्विक भाग शुक्र, तेज आदि रूपों में परिणित होता है। उससे यह स्थूल शरीर बढ़ता और पुष्ट होता है। सात्विक अंशों की जितनी ही ज्यादा मात्रा होगी, देह उतनी ही सात्विक होगी। सिद्धांत सदा सूक्ष्म तत्व ही स्थूल पदार्थ में व्याप्त होकर स्थूल को धारण करता है। इसी नियम के अनुसार प्रत्येक स्थूल देह अपने आंतरिक सूक्ष्म

शरीरों व कोशों पर आश्रित हैं। पार्थिव (क्षिति) संस्थान के परमाणु से अस्थि, जलीय (जल) संस्थान के परमाणु से रूधिर, आग्नेय (पावक) संस्थान के परमाणु से जठर, वायुवीय (गगन) संस्थान के परमाणु से श्वसन क्रिया का पालन–पोषण और आकाशीय (समीर) संस्थान के परमाणु से सभी मिलकर सर्व कोशों का अवधारणा करते हैं। आचार्य 'यम' ने मानव देह को मोक्ष धाम तक ले जाने वाला 'रथ' दर्शाया है। इस देह रूपी रथ में रथ का स्वामी 'आत्मा' बैठा है। इन्द्रियों के घोड़े विषय रूप 'गोचर भूमि' में चर कर अपना जीवन धारण करते हैं। इस प्रकार विज्ञ जन 'मन', 'बुद्धि', 'इन्द्रिय' से युक्त 'आत्मा' को 'भोक्ता' कहते हैं।

इस प्रकार ज्ञान और क्रिया का सम्वहन (सम्वहन–वहन–विकिरण) रूप चला आ रहा है और रथी 'जीवात्मा' का रथ चला जा रहा है, ज्ञानेन्द्रिय और कर्मेन्द्रिय अश्वों के द्वारा। प्रत्येक जीवमात्र साधक है, साध्य परमात्मा है तथा कर्म साधना है। साधक अपने रथ को किस तरह आगे ले चले, इस पर जरा विचार किया जाए। पहले इस रथ को सुरथ बनाया जाए। सुरथ कैसे बनेगा ? दुर्गा शप्तशती में राजा (सुरथो नाम राजा भूत्समस्ते क्षिति मण्डले), विप्रवर मेधा मुनि (द्विज वर्यस्य मेघसः) तथा समाधि (समाधिर्नाम वैश्योऽहमुत्पन्नो) आया है। रथ को सुरथ बनाने के लिए मेघा तक पहुंचना पड़ेगा तब अंतिम लक्ष्य समाधि मिलेगी। तंत्र की भाषा में इस लक्ष्य की प्राप्ति के लिए कुंडलिनी जागरण की बात बताई गई है, जिसमें नव चक्र होते हैं, जिन चक्रों को इणा–पिंगला या (सूर्य–चन्द्र–नाणियों) द्वारा सुशुम्ना के सहारे प्राप्त करते हैं या जगाते हैं। दुर्गा सप्तशती में भी नवदुर्गा इन्हीं चक्रों से साधक को जगाने की बात कही गई है। दुर्गा सप्तशती में तेरह अध्याय द्वारा तीन चरित्रों का वर्णन किया गया है। प्रथम चरित्र, प्रथम अध्याय है जो 'ब्रहम' ग्रंथि है। इस ग्रंथि में पार्थिव शरीर (जो मां के गर्भ से बाहर आता है) को खोला गया है। इसमें 'व्यावहारिक सत्ता' का अनुभव होता है, जो जाग्रत अवस्था है। इसमें जगत का ज्ञान (क्षर) है। इसका बीज मंत्र 'ऊँ ऐं' है। दूसरा चरित्र है, इसमें द्वितीय, तृतीय तथा चतुर्थ

अध्याय आता है जो विष्णु ग्रंथि है। इस ग्रंथि में मानसिक शरीर 'प्रतिमासिक सत्ता' का अनुभव होता है जो स्वपनावस्था है। इसमें जीव ज्ञान (अक्षर) है। इसका बीज मंत्र 'ऊँ ह्रीं' है। तीसरा चरित्र उत्तर चरित्र कहलाता है, इसमें पंचम अध्याय से तेरहवें अध्याय तक आता है– जो 'रूद्र' ग्रंथि है। इसमें आत्मिक शरीर (ध्यानावस्था की प्राप्ति होती है) आता है। इसमें 'पारमात्मिक सत्ता' का अनुभव होता है, जो समाधि अवस्था है। भगवती या भगवान का ज्ञान (पुरूषोत्तम) इस अवस्था में होता है। यही तीन त्रिविध पुरूष हैं। इसका बीज मंत्र 'ऊँ क्लीं' है। अब हम विचार करेंगे कुंडलिनी पर। जब साधक अपनी साधना में लगा रहता है, जो प्राणों में व्याप्त 'धन–विद्युत' का जब देह को 'ऋण–विद्युत' के साथ मानसिक –शक्ति' द्वारा सम्मिश्रण होता है तब उत्पन्न होने वाला वह दिव्य प्रकाश जो आंतरिक अनुभूतियां कराता है–'कुंडलिनी' है। साधक को अपने अंतिम लक्ष्य तक पहुंचने के लिए इस कुंडलिनी शक्ति को जागृत कर आगे बढ़ना होता है।

पंजाब केसरी, 27 मार्च, 2010, नई दिल्ली

नव दुर्गा और कुन्डलनी शक्ति योग

यह समस्त स्थूल और सूक्ष्म जगत अमशतपुत्र 'अज' जीवात्मा के भाग और अपवर्ग सिद्धि के लिए रचा गया है। 'जीवात्मा' के लिए विश्व पिता ने अपने महान विशाल 'पुर' से मिलती जुलती एक सुन्दर 'देवपुरी' बनाई और उसमें 'जीवात्मा' को प्रतिष्ठित कर दिया, श्रुति ने उस 'अयोध्या नगरी' की स्वयं वर्णन किया है–

'अश्टाचक्र नवद्वारा देवानांपुरयोध्या,
तस्यां हिरण्यमयः कोशः स्वर्गोज्योतिशा ऽ वशतः ।।''
(अथर्व 10–1–31)

यह देवपुरी मानव का स्थूल देह ही है। बिना इस देह के ज्ञानी, विरक्त, जितेन्द्रिय, धर्मज्ञ, योगी भी केवल योग द्वारा कुछ भी नहीं कर सकता मोक्ष पाना तो दूर है।

स्थूल देह के ज्ञान की आवश्यकता सबको है। मोक्ष के लिए योगी को अपने ही देहों से कार्य करना होता है। इसीलिए उसका ज्ञान जरूरी है।। पहला शरीर 'स्थूल काया' ही है इसी में बाकी शरीर भी रहता है। (1. अन्नमय शरीर, 2. प्राणमय शरीर, 3. मनोमय शरीर, 4. विज्ञानमय शरीर तथा 5. आनन्दमय शरीर) इन सभी के पारस्परिक सम्बन्ध के बिना न तो जीव का धर्म, न अर्थ, न काम, न मोक्ष कुछ भी सिद्ध नहीं होता है।

स्थूल देह के लिए भोजन जरूरी है। त्रिगुणात्मक (सतोगुण, तमोगुण, रजोगुण) पंच भौतिक आहार में जो गुण प्रधान होता है वह अपना प्रभाव स्थूल शरीर पर प्रकट कर देता है और स्थूल शरीर वैसा ही तद्गुण प्रधान बन जाता है, किन्तु ये पदार्थ भी देह में जाकर सर्व प्रथम रस–रक्त के रजोगुणी रूपों में परिणित होते हैं फिर आहार का तामसिक स्थूल भाग मल, मूत्र, स्वेद, प्रश्वास आदि के रूपों में बाहर निकल जाता है। किन्तु रस–रक्त का सात्विक भाग शुक्र, तेज, ओजादि रूपों में परिणित होता है। उससे यह स्थूल शरीर बढ़ता और पुष्ट होता है। सात्विक अंशों की जितनी ही ज्यादा मात्रा होगी, देह उतनी ही सात्विक होगी।

सिद्धान्तः सदा सूक्ष्म तत्व ही स्थूल पदार्थों में व्याप्त होकर स्थूल को धारण करता है। इसी नियम के अनुसार प्रत्येक स्थूल देह अपने आन्तरिक सूक्ष्म शरीरों व कोशों पर आश्रित है।

पार्थिव (क्षिति) संस्थान के परमाणु से अस्थि, जलीय (जल), संस्थान के परमाणु से रूधिर, आग्नेय (पावक) संस्थान के परमाणु से जठर, वायुवीय (गगन) संस्थान के परमाणु से श्वसन क्रिया का पालन पोषण और आकाशीय (समीर) संस्थान के परमाणु से सभी मिलकर सब कोशों की अवधारणा करते हैं।

आचार्य 'यम' ने मानव देह को मोक्ष धाम तक ले जाने वाला 'रथ'- दर्शाया है। इस देह रूपी रथ में रथ का स्वामी 'आत्मा' बैठा है। इन्द्रियों (10) के घोड़े उस रथ में जुते हुए हैं। 'मन' की लगाम को पकड़कर 'बुद्धिरूपी' सारथी इस रथ को चला रहा है और इन्द्रियों के घोड़े विशय-रूप 'गोचर भूमि' में चर-चर कर अपना जीवन धारण करते हैं। इस प्रकार विज्ञजन 'मन', 'बुद्धि', 'इन्द्रिय' से युक्त 'आत्मा' को 'भोक्ता'' कहते हैं।

इसी मानव देह को भगवती श्रुति ने ''अश्टचक्रा नवद्वारा देवानांपुरयोध्या, तस्यां हिरण्ययः (हिरण्यमयः) कोशः स्वर्गो ज्योतिशा वश्त'' (अथर्व-10-12-31) के द्वारा एक देवपुरी बताया है जिसमें आठ चक्र और नौ द्वार हैं। इस अयोध्या नामक देवपुरी में एक सुनहरा कोश है जिसमें अनेक ज्योतिमर्य मण्डल हैं। उन मण्डलों के मध्य में 'आत्मनिधि' सुरक्षित रख दी गई है। अव जब यह 'जीवात्मा रूप' देवता अपनी ज्ञान ज्योति के साथ प्राण, मन, बुद्धि और इन्द्रियादि सेवकों को साथ लेकर ईश्वर की आज्ञा से उस देवनगरी में प्रतिष्ठित होता है तब यह देह ही अयोध्या बन जाती है।

(स्थूल रूप में त्रिवेणी, काशी, अयोध्या हमें दिखाई देती है परन्तु वास्तव में ये तीनों ही देह की अवस्थायें हैं जिनका दर्शन शरीर के अन्दर ही होता है।)

इस प्रकार ज्ञान और क्रिया का सम्बहन (संवहन, वहन, विकिरण) रूप व्याप्त हो रहा है और रथी 'जीवात्मा' का रथ चला जा रहा है, ज्ञानेन्द्रिय और कर्मेन्द्रिय अश्वों के द्वारा। प्रत्येक जीवमात्र साधक है, साध्य परमात्मा है तथा कर्म साधना है। साधक अपने रथ को किस तरह आगे ले चले इस पर जरा विचार किया जाय। पहले रथ को सुरथ बनाया जाय। सुरथ कैसे बनेगा? दुर्गा सप्तशती में राजा सुरथ (सुरथो नाम राजा भूत्समस्ते क्षितिमण्डले), विप्रवर मेघा, मुनी (द्विजवर्यस्य मेघसः) तथा समाधि (समाधिर्नाम वैश्यो हमुत्पन्नो) आया है। रथ को सुरथ बनाने के

लिए मेघा तक पहुँचना पड़ेगा और तब अन्तिम लक्ष्य समाधि मिलेगी। तन्त्र की भाषा में इस लक्ष्य की प्राप्ति के लिए कुण्डलनी जागरण की बात बताई गई है। जिसमें नव चक्र होते हैं जिन चक्रों को इणा–पिंगला–या (सूर्य–चन्द्र नाड़ियों) द्वारा सुशम्ना के सहारे प्राप्त करते हैं या जगाते हैं। दुर्गासप्तशती में भी नव दुर्गा इन्हीं चक्रों को साधक को जगाने की बात बताई गई है।

दुर्गा सप्तशती में तेरह अध्याय द्वारा तीन चरित्रों का वर्णन किया गया है। प्रथम चरित्र प्रथम अध्याय है जो व्रह्म ग्रन्थि है। इस ग्रन्थि में पार्थिव शरीर (जो मां के गर्भ से बाहर आते हैं) को खोला गया है। इसमें व्यावहारिक सत्ता का अनुभव होता है जो जागृत अवस्था है। इसमें जगत का ज्ञान (क्षर) है। इसका बीज मंत्र 'ऊँ ऐं' है। मध्यम चरित्र में द्वितीय, तृतीय तथा चतुर्थ अध्याय आता है। जो विष्णु ग्रन्थि है। इस ग्रन्थि में मानसिक शरीर (जब हम पाशविक बन्धनों पर विजय प्राप्त करते हैं) आता है। इसमें प्रतिभासिक सत्ता का अनुभव होता है जो स्वप्नावस्था है। इसमें जगत का ज्ञान (अक्षर) है। इसका बीज मंत्र 'ऊँ ह्रीं' है तथा तीसरा चरित्र उत्तरचरित्र कहलाता है इसमें पंचम अध्याय से तेरहवें अध्याय तक आता है। जो रूद्र ग्रन्थि है। इस ग्रन्थि में आत्मिक शरीर (जब ध्यानावस्था की प्राप्ति होती है) आता है। इसमें 'परमात्मिक सत्ता' का अनुभव होता है। जो समाधि अवस्था है। भगवती या भगवान का ज्ञान (पुरूषोत्तम) इसी अवस्था में होता है। यहीं तीन त्रिविध पुरूष हैं। इसका बीज मंत्र 'ऊँ' क्लीं' है।

अब हम विचार करेंगे कि कुन्डलिनी क्या है? जब साधक अपनी साधना में लगा रहता है तो प्राणों में व्याप्त 'धन–विद्युत' का जब देह की 'ऋण–विद्युत' के साथ 'मानसिक–शक्ति' के द्वारा सम्मिश्रण होता है। तब उत्पन्न होने वाला वह दिव्य प्रकाश, जो आन्तरिक अनुभूतियां कराता है–'कुन्डलिनी' है। साधक को अपने अन्तिम लक्ष्य तक पहुँचने के लिए इस कुन्डलिनी शक्ति को जागृत कर आगे बढ़ना होगा।

माँ सती रूपी ज्ञान जब पापात्मा रूपी यज्ञ में समाप्त हो गई तब यह शरीर बिना चेतन के जड़ हो गया। ज्ञान शान्त हो गया। बिना शक्ति के जैसे शरीर शव हो जाता है। उसी प्रकार यह पहाड़ स्वरूप शरीर जड़। साधक जब अपनी साधना में प्रविष्ट होता है तो 'प्रथम षैलपुत्री च' यानी हिमालय की पुत्री जो हिमालय की तपस्या और प्रार्थना से प्रसन्न हो प्रकट हुई। मतलब साधक के हिमालय के समान जड़ शरीर में सर्व प्रथम एक ज्ञान की हल्की झलक पहले प्रस्फुटित होती है। इसी को तंत्र की भाषा में 'मूलाधार' चक्र कहते हैं। यह पृथ्वी तत्व प्रधान चक्र है।

साधन का दूसरा स्टेज 'द्वितीय ब्रहम्चारिणी' यानी ब्रह्मचारी का आता है। ब्रह्म चारयितु शीलं यस्याः सा 'ब्रह्म्चारिणी'– सच्चिदानन्दमय ब्रह्मस्वरूप की प्राप्ति कराना जिनका स्वभाव हो वे 'ब्रह्मचारिणी' हैं। अर्थात दूसरे चरण में पहुँचकर साधक पूर्ण रूपेण ब्रह्मचारी हो जाता है तथा ब्रह्म की प्राप्ति के विचार समाहित हो जाते हैं इसी चक्र का नाम 'स्वाधिष्ठान चक्र' है। यह जल तत्व प्रधान होता है।

आगे साधक अपनी तीसरी अवस्था को प्राप्त करता है। 'तृतीयं चन्द्रघण्टेति'। चन्द्रः घण्टायां यस्याः सा– आह्लादकारी चन्द्रमा जिनकी घण्टा में स्थिति हो, उन देवी का नाम 'चन्द्रघण्टा' है। अर्थात इस अवस्था में पहुँचकर साधक के अन्दर शीतलता के शब्द गूंजने लगते हैं। उसके साथ अब दूसरी चीज उसे सुनाई नहीं देती है। सर्वदा आह्लादित या प्रफुल्लित रहता है। इसी का नाम 'मणिपुर चक्र' है। यह अग्नि तत्व प्रधान होता है। इस चक्र में शब्द का 'परा' नामक स्वरूप प्रकट होता है।

इसके बाद साधक की चौथी अवस्था आती है। 'कूश्माण्डेति चतुर्थकम'। कुत्सितः ऊश्मा कूश्मा त्रिविधतापयुतः संसारः स अण्डे मांसपेश्यामुदर रूपायां यस्याः सा 'कूश्माण्डा'– अर्थात त्रिविध तापयुक्त संसार जिनके उदर में स्थित है, वे भगवती 'कूश्माण्डा' कहलाती हैं। इस स्तर पर पहुँचकर साधक भिविध ताप से मुक्ति पा लेता है। उसके लिए भूत–भविष्य–वर्तमान, सत्–रज–तम, प्रातः– मध्याह्न– सायं, सब एक समान होता जाता है। इसी को 'सूर्य चक्र' कहते हैं।

तत्पश्चात् साधक का पांचवा स्थान अता है। 'पंचमं स्कन्दमातेति'। छान्दोग्यश्रशति के अनुसार भगवती की शक्ति से उत्पन्न हुए सनत्कुमार का नाम स्कन्द है। उनकी माता होने से वे 'स्कन्दमाता' कहलाती हैं। इस अवस्था में साधक माता के समान हो जाता है। इसी को 'चन्द्र चक्र' कहते हैं।

छठी अवस्था में 'शश्ठं कात्यायनीति च' देवताओं का कार्यसिद्ध करने के लिए देवी महर्षि कात्यायन के आश्रम पर प्रकट हुई और महर्षि ने उन्हें अपनी कन्या माना, इसलिए 'कात्यायनी' नाम से उनकी प्रसिद्धि हुई विकार–काम, क्रोध, मद, लोभ कर्मो के साथ जिसकी कीर्ति हो वह कात्यायनी है। इस अवस्था में कर्मो का लोप हो जाता है। इसी को 'अनाहतचक्र' कहते हैं। यह वायु तत्व प्रधान है। जीवात्मा का निवास हृदय में ही है। गीता में ''ईश्वरः सर्व भूतानां हश्ददेशे अर्जुन प्रतितिश्ठति, भ्रामयन् सर्व भूतानि मन्त्रारुढ़ानि मायया'' ऐसा कहा है अथवा

'हृत्पुण्डरी कमहयस्थां प्रातः सूर्य समप्रभाम्।
पाशाक्डमधरां सोम्यां वरदाभयहस्त काम।।''

इस मंत्र के अनुसार अपने-अपने इष्ट का ध्यान अपने हृदय में करते हैं। इस कमल के समीप कल्पतरू और मणिपीठ हैं इस पद्म् को ईसाई साधक डलेजपब त्वेम (गुप्त गुलाब) कहते हैं। इनके अनुसार यह पंखुड़ियां तब खुलती हैं जब हृदय में ईशा रूप बालक पैदा होता है। यही चैनिक 'आइचिन' कनक कमल है। इससे भी स्पष्ट होता है कि अहं विशिष्ट जीवात्मा का निवास स्थल हृदय ही है और समाधि काल में साक्षात्कार भी ऐसा ही होता है। ''हृदयेचित् सम्वित्'' (योगसूत्र-3/34) सूत्र इस विषय में प्रमाण भी है।

सप्तम अवस्था में- 'सप्तम् कालरात्रीति' सबको मारने वाले काल को रात्रि (विनाशिका) होने से उनका नाम 'कालरात्रि' है। इस अवस्था में साधक काल पर भी विजय प्राप्त कर लेता है। इसी को 'विशुद्धि चक्र' कहते हैं। यह आकाश तत्व प्रधान है। शरीर में 'थाईराइड-ग्रन्थि' के पास 'परा' नामक अव्यक्त शब्द 'वैखरी' रूप से इसी चक्र में स्फुट होता है। वायु तत्व प्रधान 'उदान' (प्राण, अपान, व्यान, उदान, समान-पांच प्राण होते हैं) का वास भी है। यहाँ आकर साधक दिव्यश्रुत बन जाता है। 'कण्डकूपे क्षुत पिपासा निवृत्तिः' (योगसूत्र-3-30) अर्थात कण्डकूप में संयोग करने से भूख-प्यास की निवृत्ति होती है। वासना जाल से मुक्त हो जाता है।

अष्टम अवस्था में- महागौरीति चाष्टमम्' इन्होंने तपस्या द्वारा महान गौरवर्ण प्राप्त किया था। अतः ये महागौरी कहलायीं। साधक इस अवस्था में काल पर विजय प्राप्त कर तेजवान हो जाता है, उसके प्रत्येक अंग से तेज निकलने लगता है। इसको तन्त्र की भाषा में 'आज्ञा चक्र' कहते हैं। 'ललाट-कोटर' के गर्त में इसका निवास स्थान है। महातत्व प्रधान यह दिव्य दृष्टि प्रसारक यंत्र है। जिसकी सहायता से साधक बाह्य दूर देशस्थ पदार्थों का दश्श्टा

तथा विज्ञाता बनता है। ''मूर्द्ध ज्योतिशि सिद्ध दर्शनम'' (योग सूत्र 3-32) सूत्र कथित मूर्द्ध ज्योति है। आज्ञा रूप बना प्रत्येक संकल्प जो इस मार्ग से होकर निकलता है वह इतना बलिष्ठ बन जाता है कि अन्य कोई भी शक्ति उसका उल्लंघन या उसे विफल नहीं कर पाता। शिव के इसी 'तृतीय नेत्र' के द्वारा दिया गया 'मदन दाह' विख्यात है। यहाँ पर इणा, पिंगला, सुशम्ना नाड़ियां मिल जाती है। इसलिए इस स्थान को मुक्त त्रिवेणी या त्रिवेणी संगम कहते हैं। योगियों का तीर्थ स्थान यही है जहाँ पर समाहित होकर विज्ञानोपलब्धि होती है। इसमें श्रद्धा, संतोष, शुद्धता, दम, स्नेह, वैराग्य, अपराण, आराति (दुख) मल, सप्भ्रम (मनोद्रवेग), ऊर्मि, क्षुधा, तश्शा इन 12 वृत्तियों के ही 12 दल हैं। 12 रूद्र यही हैं। वस्तुतः ये ज्ञानेन्द्रिय, कर्मेन्द्रिय, मन, बुद्धि के प्रकाशात्मक केन्द्र हैं जिन्हें 'दल' मानकर वर्णन किया जाता है।

अन्तिम नवम अवस्था में- ''नवम सिद्धिदात्री'' सिद्धिदात्री अर्थात मोक्ष को देने वाली होने से उनका नाम 'सिद्धिदात्री' हैं यहाँ पहुँचकर साधक को सिद्धि प्राप्त हो जाती है। इसके बाद अब पाने को शेष ही क्या रह जाता है। इसी को 'सहस्रार' कहते हैं। यह ब्रह्मरन्ध्र में होता है। इसमें 'मस्तिष्क में 'मनोमय' तथा 'विज्ञानमय' कोश के 17 प्रकाशमय तत्वों की ज्योति भरी हुई है। वस्तुतः यह ब्रह्मरन्ध्र जीवात्मा का कार्यालय तथा भौतिक 'व्यष्टि' तथा 'समष्टि'-विज्ञान' प्राप्ति का प्रयोगशाला है। इस स्थिति का लांघ लेने पर योगी सर्वावस्था में स्वछन्द, सुखासीन एवं शोक और बन्धन विमुक्त हो जाता है, एवं सहस्रार के विकसित हो जाने पर योगी को 'अणिमादि' अष्टसिद्धियां ऋद्धियां, विभूतियां प्राप्त होने लगती हैं। वह विज्ञानी त्रिकालदर्शी बन जाता है। वह 'तस्यु सर्वेशु लोकेशु काम चारों भवति' अर्थात वह सब प्रकार का भौतिक-विज्ञान प्राप्त करने में समर्थ हो जाता है। ऐसा छान्योग्य और वृहदारण्यक उपनिषद कहते हैं। इस प्रकर जब 'सहस्रार' पूर्ण रूप से जाग उठता है तब चित्त सदैव चैतन्य बना रहता है।

इस स्वछन्द विहार को उपनिषदों में 'कामचार' कहा गया है।

तन्त्र की भाषा में यही सर्वज्ञता सिद्धि है– "तारक सव्र विशयं सर्वथा विशयमक्रमं चेति विवेकजज्ञानम्।" (योग सूत्र 3/54)

इस अवस्था का वर्णन करती हुई चैनिक योग दीपिका कहती है–Then body and heart are completely controlled and one is quit free and at place, letting go all entanglements, untroubled by the slightest excitement, with the Heavenly Heart exactly in the middle,'

तब मनुष्य का शरीर और चित्त पर पूर्ण अधिकार होता है। वह सर्वदा सब अवस्थाओं में स्वच्छन्द और सुत्वासीन होता है, सब बन्धन छूट जाते हैं, मोक्ष का नाम भी नहीं रह जाता, ठीक मध्य में जो दिव्य हृदय है उसी के साथ वह रहता है।'

यही आईचिन की भाषा में "Action in inaction' (अकर्म में कर्म) है।

गीता का 'शरीरं केवलं कर्म' है।

इस अवस्था में साधक 'Instead of leaving in it, is above it' इसके अन्दर होने की जगह इसके ऊपर होता है।

यही वास्तव में निर्द्वन्द होना है– "The Union of the opposites on a higher level of conscious-ness" चैतन्य के उच्चतर स्तर में परस्पर–विरोध का मिलन है।

इसी को सांख्यमत वाले कहते हैं–

'प्रेक्षकवदवस्थितः स्वस्थ्यः' उस समय साधक साक्षी, द्रष्टा मात्र रहता है, कर्तव्या भोक्ता नहीं रहता है।

यही योग की चरम सिद्धि है।

'तदा द्रश्टुः स्वरूपवस्थानम्' (योग सूत्र 1/3) इसी अवस्था को लक्ष्य करके छान्दोग्य उपनिषद कहता है–

'एश सम्प्रसादोस्माच्छरीरात् समुत्थान परं ज्योति
रूप सम्पद्य स्वेन रूपेणाभि निशद्यते।'

'यह जीव इस शरीर से ऊपर उठकर परम ज्योति को प्राप्त कर अपने स्वरूप में स्थित होता है।'' **शक्ति सम्मोहन तंत्र में**–'नव चक्रात्मिका देवी' का वर्णन है। इस प्रकार नौ चक्रों रूपी देवी का निम्न चार्ट द्वारा विवरण समझ में आ जायेगा।

	चक्रों का नाम	चक्रों का नाम	देवी का नाम	देवी का नाम
1.	मूलाधार	त्रिपुराम्बा	शैलपुत्री	त्रैलोक्यमोहन
2.	स्वाधिष्ठान	सर्वाशापरिपूर्ण	ब्रह्मचारिणी	त्रिपुरेशि
3.	मणिपुर	सर्वसंक्षोपिणी	चन्द्रघण्टा	त्रिपुरसुन्दरी
4.	सूर्य	सर्व सौभाग्यदायक	कूष्माण्डा	त्रिपुरवासिनी
5.	चन्द्र	सर्वार्थ साधक	स्कन्दमाता	त्रिपुरश्रीचक्राधिश्वरी
6.	अनाहत	सर्वरक्षाकर	कात्यायनी	त्रिपुर मालिनी
7.	विशुद्धि	सर्वरोगहर	कालरात्री	त्रिपुरासिद्धि
8.	आज्ञा	सर्वसिद्धि	महागौरी	त्रिपुराम्बा
9.	सहस्रार	सर्वानन्दमय	सिद्धिदात्री	श्रीललितामाता दुर्गा

''लखनऊ युग विचार दर्पण'' 23 मार्च 2010, लखनऊ ''168 घन्टे'', 19 मार्च, 2010, लखनऊ

स्थूलकाया

स्थूल देह के ज्ञान की आवश्यकता सबको है। मोक्ष के लिए योगी को अपनी ही देह से कार्य करना होता है, इसलिए उसका ज्ञान जरूरी है। पहला शरीर 'स्थूल काया' है इसी में बाकी शरीर भी रहता है। अन्नमय शरीर, प्राणमय शरीर, मनोमय शरीर, विज्ञानमय शरीर तथा आनंदमय शरीर। इन सभी के पारस्परिक संबंध के बिना न तो जीव को धर्म, न अर्थ, न काम, न मोक्ष कुछ भी सिद्ध नहीं होता। स्थूल देह के लिए भोजन जरूरी है। त्रिगुणात्मक-सतोगुण, तमोगुण, रजोगुण। पंच भौतिक आहार में जो गुण प्रधान होता है वह अपना प्रभाव स्थूल शरीर पर प्रकट कर देता है और स्थूल शरीर वैसा ही तद्गुण प्रधान बन जाता है, किन्तु ये पदार्थ भी देह में जाकर सर्व प्रथम रस रक्त के रजोगुणी रूपों में परिणित होते हैं फिर आहार का तामसिक स्थूल भाग मल-मूत्र-स्वेद-प्रश्वास के रूपों में बाहर निकल जाता है। किंतु रस-रक्त का सात्विक भाग शुक्र, तेज, ओजादि रूपों में परिणित होता है। उससे यह स्थूल शरीर बढ़ता और पुष्ट होता है। सात्विक अंशों की जितनी ही अधिक मात्रा होगी, शरीर उतना ही सात्विक होगा।

सिद्धांतः सदा सूक्ष्म तत्व ही स्थूल पदार्थ में व्याप्त होकर स्थूल को धारण करता है। प्रत्येक स्थूल देह अपने आंतरिक सूक्ष्म शरीरों व कोशों पर आश्रित है। पार्थिव संस्थान के परमाणु से अस्थि, जलीय संस्थान के परमाणु से रुधिर, आग्नेय संस्थान के परमाणु

से जठर, वायुवीय संस्थान के परमाणु से सभी मिलकर सब कोशों का अवधारण करते हैं। आचार्य 'यम' ने मानव देह को मोक्ष तक ले जाने वाला रथ दर्शाया है। इस देह रूपी रथ में रथ का स्वामी आत्मा है। दस इंद्रियां, पांच कर्मेन्द्रिय, पांच ज्ञानेन्द्रियों के घोड़े इस रथ में जुते हुए हैं। मन की लगाम को पकड़कर बुद्धि रूपी सारथी इस रथ को चला रहा है और इन्द्रियों के घोड़े विषय रूप गोचर भूमि में चर-चर अपना जीवन धारण करते हैं। इस प्रकार विज्ञ जन मन, बुद्धि, इंद्रिय से युक्त आत्मा को भोक्ता कहते हैं। इस मानव देह को एक देवपुरी बताया गया है जिसमें आठ चक्र और नव द्वार हैं। इस अयोध्या नामक देवपुरी में एक सुनहरा कोश है जिसमें अनेक ज्योतिर्मय मंडल है। उन मंडलों के मध्य में आत्मनिधि सुरक्षित है।

दैनिक जागरण, 18 मार्च 2010

वसुधैव कुटुम्बकम

(कोई भी धर्म हमें जाति-सम्प्रदाय में नहीं बांटता, बल्कि मानव को मानव से जोड़ता है। हमारे ग्रंथ और महापुरूष भी विश्व बंधुत्व की बात कहते हैं। ठीक उसी प्रकार योग भी हमारी सोई हुई चेतना को जगाकर हम में जन कल्याण की भावना भरता है)

भारतीय संसद के केन्द्रीय कक्ष के प्रवेशद्वार पर एक श्लोक लिखा है-अयं निजः परोवेति गणना लघुचेतसाम, उदार चरितानाम्तु वसुधैव कुटुम्बकम्। यदि हम और आप संकुचित दायरे से ऊपर उठकर सारी सृष्टि के कल्याण के बारे मे सोचें, तो हमारा जीवन सफल हो सकता है। यही हमारे पूर्वजों का भी उद्घोष रहा है।

सारा जगत अपना है

जगतगुरू शंकराचार्य ने अपनी प्रार्थना में संपूर्ण जगत को अपना देश घोषित किया था। वास्तव में उनकी राष्ट्रीयता की भावना व्यापक और विशाल थी। उन्होंने कभी भी लोगों को हिन्दू, मुस्लिम, सिख या ईसाई कहकर नहीं पुकारा। उनके लिए सभी लोग बंधु-बांधव के समान थे। हिंदू शब्द मुस्लिम शासनकाल में आया है। इसके पहले यह शब्द किसी भी प्रीचन ग्रंथ में नहीं मिलता। अंग्रेजों ने अपने राजनीतिक स्वार्थ की पूर्ति के लिए भारतीयों को हिन्दू और मुस्लिम में बांटने की कोशिश की। इतिहास के प्रमाण बतलाते हैं कि भारत ने एकता के बल पर ही

पूरी दुनिया पर राज किया। गुप्तकाल, बुद्धकाल या रामायण-महाभारत काल में भी धर्म के आधार पर भेदभाव नहीं किया जाता था। हमेशा से ही भारत ने बसुधैव कुटुम्बकम की व्याख्या की है। हमारे यहां कभी-कभी रामराज्य की स्थापना की बात होती है, जिसका कुछ लोग विरोध करते हैं। दरअसल, राम किसी एक धर्म से नहीं बंधे थे। उनके लिए पूरा विश्व मित्र के समान था। यदि राम के संदेशों को लोग अपने जीवन में उतारना शुरू कर दें, तो सम्पूर्ण में विश्व में स्वतः रामराज्य स्थापित हो जायेगा।

ग्रंथ भी सिखाते हैं विश्व प्रेम

रामचरितमानस में एक शब्द भी किसी संप्रदाय या धर्म के विरुद्ध नहीं लिखी गई है। बालकाण्ड में तुलसी ने लिखा है-

कीरति भनित भूति भलि भाई।
सुरसरि सम सबकर हित होइ।

सबकर शब्द का प्रयोग रामायण में कई जगहों पर किया गया है। कहने का अर्थ यह है कीर्ति, काव्य और ऐश्वर्य वही सराहनीय है, जिससे सबका भला हो, आगे एक जगह लिखा है-

वट विश्वास अचल निज धर्मा।
तीरथराज समाज सुकर्मा।
सबहिं सुलभ सब दिन सब देसू।
सादर सेबहि समन कलेशू।

सुंदर कर्म करने पर समाज तीर्थस्थान के समान हो जाता है। ऐसा देश या भूखंड प्रत्येक समाज, सभी कालों, सभी लोगों को सुलभ हो सकता है और जिसके सेवन से कलेश का भी नास हो सकता है। इतना ही नहीं...

परहित सरिस धर्म नहिं भाई
परपीड़ा सम नहिं अधमाई।

सबसे बड़ा धर्म परोपकार को बताया गया है, ताकि संपूर्ण मानव समूह एक सूत्र में बंध सके। एक सूफी ने कहा है कि जिसने अपने को पहचान लिया, उसने ईश्वर को पहचान लिया। महात्मा ईसा ने भी कहा है जिसने हमें पहचाना उसने ईश्वर को पहचान लिया। इसलिए सभी नाम, सभी काम, सभी रूप ईश्वर के ही हैं। संत मलूकदास ने इस भाव को व्यक्त किया–

सबहन के हम, सभे हमारे,
जीव जन्तु सब मोहि पियारे

आज विश्व में कई समस्याएं पैदा हो गईं है। इसकी एकमात्र वजह मनुष्यता का पशुता में बदलना है। यदि हम अपनी पशुता को त्याग देंगे तो हमारा न केवल मन बदलने लगेगा, बल्कि बौद्धिक विकास भी होने लगेगा। इसके परिणामस्वरूप हमें संपूर्ण विश्व अपना लगने लगेगा। अपने को बदलने की एक मात्र सीढ़ी है जिस पर चढ़कर हम धीरे–धीरे अपने को बदल सकते हैं वह है योग की सीढ़ी। योग शरीर को मन से जोड़ता है। मन से जुड़ने के बाद हम आत्मा और परमात्मा से जुड़ पाते है। हम किस खास जाति, वर्ग या देश में पैदा हुए हैं, यह मायने नहीं रखता है।

योग हमारी सोई हुई चेतना को जगाता है, जिसके परिणामस्वरूप हम मानव कल्याण की बात सोचने लगते हैं। योग के मुख्य आठ अंग हैं, जिसके अभ्यास से हम अपने को पूर्ण रूप से बदल सकते हैं।

1–यम 2–नियम }	ब्रम्हचर्य आश्रम
3–आसन 4–प्राणायाम	गृहस्थ आश्रम
5–प्रत्याहार 6–धारणा	वानप्रस्थ आश्रम
7–ध्यान 8–समाधि	सन्यास आश्रम

दैनिक जागरण, 19 मई, 2009, लखनऊ

होली

त्योहारों को मानवीय मूल्यों से जोड़ते रहना ही त्योहार की आभा है। त्योहार हमें नई जागृति देते हैं, संयम की ओर पथ प्रदर्शन करते हैं, नीरस जीवन में रस घोलकर हमें नई स्फूर्ति प्रदान करते हैं। त्योहारों में अग्रणी मदिरा पान, पहले चरण में ही त्योहार की पवित्रता नष्ट कर भ्रष्ट कार्यों की ओर मार्ग इंगित कर देती है। आज बदलते माहौल ने व्रत-त्योहारों की धज्जियाँ उड़ा दी हैं। मानव संस्कृति के विपरीत कृत्यों तथा दुराचरण को बढ़ावा मिल रहा है। त्योहारों में अपव्यय, दुर्व्यसन के साथ ही अनेक प्रदूषणों की वृद्धि होती जा रही है। 'होली' कोई पूजा-पाठ का व्रत नहीं है

यह तो 'प्रेम' का रंग बरसाने, आत्मीयता का अबीर उड़ाने तथा आपसी बैर–भाव भूलकर गले लगाने का त्योहार है। आज का मानव अर्थ–चक्र में व्यस्त है, त्रस्त है। भागते समय को वह समय की कमी के कारण पकड़ नहीं पाता। इसलिए आनन्द, हर्ष, उल्लास विनोद उसके लिए दूज का चन्द्रमा बन गए हैं। इस दम घोटू वातावरण में होली–पर्व एक चुनौती है। इस चुनौती को स्वीकार कर मंगलमय रूप में हास्य, व्यंग्य विनोद का अभिषेक करना हमारा कर्तव्य है।

भारतीय पर्व–परम्परा में होली आनन्दोल्लास का सर्वश्रेष्ठ रसोत्सव है। समय के साथ–साथ होली के खेल में परिवर्तन तो आये हैं मगर पूर्व समय से चली आ रही होली की परम्परा भारत में ही नहीं पूरे विश्व में आज भी बरकरार है। यह त्योहार समूचे विश्व में अलग–अलग तरीके से मनाया जाता है। 'इटली' में 'रेडिका' के नाम से फरवरी में एक सप्ताह मनाया जाता है। 'मिस्र' में 13 अप्रैल को अंगारों की होली मनाई जाती है। 'फ्रांस–इंग्लैण्ड–बेल्जियम' में इसे बेवकूफों का उत्सव कहा जाता है। 'अफ्रीका' में इसे 'ओगेना वोगा' कहा जाता है। इसमें जंगली देवता योंगा का पुतला जलाया जाता है। 'स्वीडेन' में इस त्योहार को स्वीडनवासी सेंटपाल जॉन की पवित्र तिथि के रूप में देखते हैं। 'रोम' के निवासी इसे किर्निवल की समाधी के रूप में मनाते हैं। 'म्यांमार' में होली को 'प्यूला' के नाम से जाना जाता है। यहाँ चार दिन तक होली मनाई जाती है। 'साइवेरिया' में भारत जैसे लकड़ियाँ इकट्ठा करके जलाते हैं। 'बर्मा' में होली का पर्व भगवान बुद्ध के स्वागत में मनाया जाता है। वहाँ होली को 'तेच्या' कहते हैं। 'सोवियत संघ' में 31 मार्च को बड़ी धूम–धाम से मनाया जाता है। 'श्रीलंका' में भारत की तरह ही होलिका दहन तथा दूसरे दिन पकवान बनता है। 'अमेरिका' में यह त्योहार 31 अक्टूबर की रात को मनाया जाता है। वहाँ पर इसे 'हैवेलोइन' के नाम से जाना है। 'पोलैण्ड' में इसे 'आरशिना' कहा जाता है यहाँ भी होलिका दहन होता है। 'चेकोस्लोवाकिया' में होली को 'बेलियो

कोनोन्से' के नाम से जाना जाता है। इस तरह हम देखते हैं 'होली' किसी न किसी रूप में पूरे विश्व में मनाई जाती है।

आध्यात्मिक होलीः- पहले हम 'होली' शब्द पर विचार करें कि होली का अर्थ क्या है?

होली- 'ह', 'ओ', 'ल', 'ई' से मिलकर बना है। 'ह' -हकार बीज सूर्य का द्योतक है, जो प्रकाशपुन्ज है तथा वही सबका स्वामी है। उससे उत्पन्न प्राणी प्रकृति, पंचतत्व, तीन गुण, मन -बुद्धि-अहंकार-चित्त इत्यादि प्रकृति द्वारा ही मानव शरीर बना है। 'ह' उस सूर्य का बोध कराता है। 'ओ'-इस 'ह' में जो प्रणव लगा है वह 'ओ' है। सम्पूर्ण संसार में यही सार है। ''महातत्व मेकम् परातत्व मेकम् ततोहम् ततोहम्'' वह मैं हूँ। यह पंच भौतिक 'मैं' नहीं। गीता का 'मैं'-

''सर्वधर्मान्य परित्यज्य मामेकं शरणं ब्रज।
अहंत्वा सर्वपापेभ्यो मोक्षयिष्यामि मा शुचः।'' (18-66)

अर्थात सम्पूर्ण धर्मों को यानी सम्पूर्ण कर्तव्य कर्मों को मुझमें त्यागकर तू केवल एक मुझ सर्वशक्तिमान, सर्वाधार परमेश्वर की शरण में आ जा। मैं तुझे सम्पूर्ण पापों से मुक्त कर दूँगा, तू शोक मत कर। जिसने इस 'मैं' को जान लिया वह सब कुछ जान लिया। यही सब वेदों में ओंकार की लीला है। 'ल' -लकार बीज पृथ्वी का है जिसे 'लं' कहते हैं। उसके साथ ईश्वर शक्ति का समन्वय किया गया है। 'ई'-पाणिनी का पहल स्वर है। 'ईश्वर' इकार है। यह शक्ति बीज है। बिना इस बीज के कोई भी शक्ति संसार में नहीं रह सकती।

इस तरह हम पाते हैं कि ईश्वर तत्व के साथ हमारा सम्बन्ध करा देना ही 'होली' है। पूरे विश्व की तीन ही स्थिति या अवस्था होती है। पहला-सृष्टि, दूसरा-स्थिति और तीसरा-प्रलय। चौथी कोई स्थिति नहीं होती। इन तीनों स्थितियों का मिलन ही त्रिवेणी का संगम यानी 'होली' है। इसी को श्री दुर्गा सप्तशती में दर्शाया गया है-

"सृष्टिस्थितिविनाशानां शक्तिभूते सनातनि।
गुणाश्रये गुणमये नारायणि नमोऽस्तुते।।" (11-11)

अर्थात तुम सृष्टि, पालन और संहार की शक्तिभूता, सनातनी देवी, गुणों का आधार तथा सर्वगुणामयी हो। नारायणि तुम्हें नमस्कार है।

"प्रकृतिस्त्वं च सर्वस्य गुणत्रय विभाविनी।
कालरात्रिर्महारात्रिमोहरात्रिश्च दारूणा।।" (रात्रि सूक्त 7)

अर्थात तुम्हीं तीनों गुणों को उत्पन्न करने वाली सबकी प्रकृति हो। भयंकर कालरात्रि, महारात्रि और मोहरात्रि भी तुम्हीं हो।

इस तरह होली हमेशा संधिकाल में होती है। योगी लोग तो प्रतिदिन प्रतिक्षण होली मनाते हैं। उनके यहाँ तो तीनों स्थितियों का मिलन या यौगिक भाषा में इणा-पिंगला-शुशुम्ना के त्रिवेणी में हमेशा ही स्थिति बनी रहती है।

पौराणिक होलीः- पुराणों की होली पर विचार करें तो हमारे सामने हिरणकश्यप-प्रहलाद तथा होलिका का चित्रण आता है। हिरण्य तो ब्रह्म को कहा गया है-

"हिरण्यंगर्भ समवर्तताग्रे भूतस्य जातः परिरेक आसीत।
सदाधार पृथिवीद्यामुतेभाम् कसमैं देवायहबिषा विधेय्।।"

अर्थात सभी प्राणियों में उत्पन्न हुआ सबका स्वामी तथा पृथ्वी, आकाश सबको धारण करने वाला वह एक ही विराट ब्रह्म (हिरण्यगर्भ) है। हम हविश के लिए किस देवता के लिए यज्ञ करें।

फिर हिरण्य का रिपु यानी शत्रु; ब्रह्म का शत्रु कौन हो सकता है? तमोहं। अतः उसे हिरयण्यकसिपु नाम दिया गया। उसका पुत्र प्रहलाद था। अह्लाद के पहले 'प्र' लगा यानी विशेष अहलाद-प्रहलाद। विशेष अह्लाद वाला प्रहलाद वही है जो सत्-चित-आनन्द को पाले। स्वाभाविक है कि प्रवृत्ति हमेशा निवृत्ति को पराजित करना चाहती है। ब्रह्म का रिपु 'अज्ञान' है। अज्ञान की सहोदरा 'कुमति'

का अज्ञान सहारा लेता है, लेकिन किसी का भी नहीं चला। हाथी में बांधकर प्रहलाद को मारने की कोशिश की गई पर हाथी रूपी महावंधन भी प्रहलाद का कुछ नहीं बिगाड़ सका। ऊपर (पहाड़) से गिराया गया यानी अधिकारों से गिराया गया। कहने का तात्पर्य यह है कि मोह पैदा किया गया पर वहाँ मोह का बन्धन क्या करेगा, कुछ नहीं हुआ। 'कुमति' से प्रार्थना किया गया कि तुम अपने गोद में समेट कर जला दो परन्तु जो आत्मज्ञान है, उसे जलाकर अपने निखर गया। अन्त में खम्भ में प्रहलाद को बांधा गया। खम्भ क्या है? जड़बन्धन ही खम्भ है। 'ज्ञान को बन्धन भी नहीं बांध सका। परमब्रह्म के रूप में उद्बोधन हुआ। महाबन्धन के भीतर से ज्ञान का उद्बोधन होता है। उसके हाथों उस अज्ञान रूपी तत्व को भी अपने में मिला लिया जाता है और ज्ञान की प्रकाशमय धारा बह उठती है।

मनोवैज्ञानिक होलीः इस अवसर पर सभी लोग एक-दूसरे के साथ ऊँच-नीच तथा सभी प्रकार का भेद-भाव मिटाकर आपस में एक-दूसरे को गले लगाते हैं। मिट्टी तथा कीचड़ और रंग से रंग देते हैं। कारण यह है कि हम हमेशा तनाव में रहते हैं और तनाव से हमारे शरीर पर कितना बुरा असर पड़ता है यह सर्वविदित है। कैंसर होने का एक मूल कारण 'करी' 'वरी' तथा 'हरि' (मसाला-मानसिक तनाव तथा जल्दबाजी) भी है। होली में सभी लोग तनाव रहित हो जाते हैं। न कपड़े की गन्दगी का तनाव, न बड़े-छोटे के रिश्तों का तनाव, न जाति-पांति का तनाव, इन सबसे ऊपर उठकर हम तनाव रहित होकर उमंग के साथ होली खेलते हैं। इस तरह एक वर्ष के लिए मानसिक रोगों से मुक्त हो जाते हैं, यह मनोवैज्ञानिक तथा सामाजिक विकारों से मुक्ति दिलाता है। वैसे भी होली का अर्थ अंग्रेजी में भी पवित्र होता है।

'आधुनिक होलीः- धीरे-धीरे होली के ऊपर भी आधुनिकता का प्रभाव छाता जा रहा है। अब बड़ा पद वाला व्यक्ति या बड़ा पैसे वाला व्यक्ति अपने से छोटे से होली मिलना पसन्द नहीं करता

तथा छोटों को हेय दृष्टि से देखता है। ऊँचा व्यक्ति उठकर छोटे वाले व्यक्ति के घर जाना तो दूर अगर वह आकर स्वयं मिलना चाहता है तो बड़े लोग नहीं मिलते हैं। ऐसा करना उचित नहीं है। प्रकृति के इस अलौकिक बसन्तोत्सव में होली का विशेष महत्व है। क्योंकि यह लोकपर्व सुप्त जीवन के जागरण का पर्व है तथा चेतनाओं को शक्ति देने का प्रतीक है। होली पर साधारण प्राणी तो क्या आध्यात्म चिंतन में लीन भक्त भी अपने आराध्य देव प्रभु के साथ विभिन्न क्रीड़ायें करने लगते हैं। प्रेम और स्नेह का प्रतीक लाल रंग, अबीर, गुलाल की बहार सारी संस्कृति में अमिट हो बिखरने लगती है। होली एक पवित्र त्योहार है हम सब लोगों को मिलकर सभी प्रकार के भेदभाव को मिटाकर वसुधैव कुटुम्बकम् की भावना से अपने राष्ट्र के उत्थान में जुट जाना चाहिए।

'दैनिक जागरण'', फरवरी, 2007, मंगलवार

भारत की पहचान युद्ध नहीं संस्कृति है

भारत से ही ज्ञान ज्योति विश्व को मिली क्योंकि भारतवर्ष ही संसार का सर्वप्रथम सभ्य देश है, इसे पाश्चात्य् विद्वान भी स्वीकार कर चुके हैं। एशिया–माइनर के वोगजकुई की खुदाई के शिलालेख से प्रमाणित होता है कि प्रायः 4 हजार वर्ष पूर्व भी वहाँ वैदिक संस्कृति का प्रचार था और वहाँ वैदिक देवता मान्य थे। ई0पू0 1360 में अंकित सन्धिपत्र में साक्षिरूप चार वैदिक देवताओं का उल्लेख किया गया है। ऋग्वेद के 'कश्णुश्व विश्वमार्यम' अर्थात 'हम समस्त विश्व को आर्य बनावें' मन्त्र से भी स्पष्ट है।

वेदों के मन्त्रों से ही पता चलता है कि आर्य व्यापारी जिन्हें 'पणि' कहते थे व्यापार– वाणिज्य के लिए दूर–दूर देशों में जाते थे। इनका समर्थन विभिन्न देशों की किंवदन्तियों, प्राचीन ग्रन्थों तथा खुदाई से प्राप्त चिन्हों से होता है। भारतीय संस्कृति के विश्वव्यापी प्रचार का कारण भारत का विदेशों से व्यापार तथा प्रतिभाशाली एवं ऋषियों की प्रचारशक्ति ही था। इनमें महर्षि अगस्त अग्रगण्य थे। आपने सर्वप्रथम भारतीय संस्कृति का विस्तार सुदूरवर्ती बालीद्वीप पर्यन्त किया। हमारा उन दिनों का उपनिवेशीकरण प्रायः संस्कृति के बल पर अवलम्बित था और मित्र भाव पर आश्रित था। आर्य विश्वकल्याण की भावना से प्रेरित होकर ही समस्त विश्व पर अपना प्रभुत्व स्थापित कर महान धर्म –विजय करना चाहते थे। उनका आदर्श था–

सर्वे भवन्तु सुखिनः सर्वे सन्तु निरामयाः।
सर्वे भद्राणि पश्यन्तु मा कश्चिद् दुःखभाग्भवेत्।।

अर्थात 'सभी प्राणी सुखी रहें' सब निरोग रहें, सब कल्याण लाभ करें और किसी को दुख न हो।' आर्य प्रचारक शान्तिमय धर्म के प्रचार के साथ-साथ अपनी शिक्षा, सभ्यता तथा आदर्श के द्वारा अपनी संस्कृति का अमिट प्रभाव स्थापित कर सके। भारतीय दृष्टिकोण सांस्कृतिक क्षेत्र में कभी संकुचित नहीं रहा। संस्कृति के रूप में जो निधि भारत के पास थी उसका वितरण उदारतापूर्वक हुआ। इस प्रकार भारतीय संस्कृति का प्रकाश न केवल एशिया में ही अपितु यूरोप, अफ्रीका तथा सुदूरवर्ती अमेरिका में भी पहुँचा।

कौरवों की माता गान्धारी अफगानिस्तान के अन्तर्गत कान्धार की रहने वाली थी। अफगानिस्तान के विश्वविद्यालय में बहुत दिनों तक संस्कशति की पढ़ाई अनिवार्य थी। भारत भूमि से जाने वाले अथवा यहाँ आने वाले समस्त राजनीतिक अथवा सांस्कृतिक आन्दोलनों में अति प्राचीनकाल से ही अफगानिस्तान ने खुले तौर पर भाग लिया है। बलूचिस्तान का एक मुख्य नगर केलात्, किरात-नामक क्षत्रिय के आकर बसने से पड़ गया। बलूचिस्तान 'बलय स्थान' का अपभ्रंश है। ईरान का भी घनिष्ठ सम्बन्ध रहा है। ईरानी धर्मग्रन्ध 'अवेस्ता' बहुत कुछ वेदों से मिलता है, यहां तक कि वह ऋग्वेद का स्थानीय रूपान्तर मात्र मालूम पड़ता है। उसमें वैदिक देवता-वरूण, इन्द्र, अग्नि, वायु आदि का वर्णन है। अतएवं आर्यों का आदि निवास स्थान चाहे कहीं भी हो, लेकिन आर्यों की एक शक्तिशाली शाखा ईसा के पूर्व की शताब्दियों में ईरान में अवश्य बस गई थी। ईसा के जन्म से बहुत पहले लिखी एक फारसी पुस्तक से पता चलता है कि महर्षि व्यास; जिन्हें बुद्धिमान कहकर प्रशंसा की गई है; कभी ईरान गये थे। कीथ साहब ने 'अर्ली हिस्ट्री आफ इरानियन्स' में लिखा है कि असीरिया के सुवरदत्त, जसदत्त, सुवन्धि, दसरत्त, अर्न्तताम, सुर्तन आदि राजाओं से यह ज्ञात होता है कि वहाँ के निवासी आर्य थे। कीथ

साहब का कथन कि दशरथ नाम का राजा, जो मितानी (मेसोपोटामिया) था, मिस्र के राजा का साला था। यह ईसा से 1300–1400 वर्ष पूर्व राज्य करता था। इसी प्रकार वहाँ दूसरे राजा का नाम भी 'हरिनाम' था।

अरब के विद्वान स्वयं ही अंकगणित, बीजगणित, रेखागणित और चिकित्साशास्त्र आदि के लिए अपने को भारत का ऋणी कहते हैं। मध्य एशिया के खातोन प्रदेश का शासन कार्य भारतीय भाषा में होता था। राजकर्मचारियों के नाम भी पूर्णतः भारतीय होते थे जैसे नन्दसेन, भीम इत्यादि। ऋग्वेद (7/6/3) के अनुसार पणियों की एक शाखा जो जहाज बनाने में प्रवीण थी, अफ्रीका के उत्तरी समुद्रतट पर बस गई। जो पणिदेश था अब 'फिनीसिया' है। मिश्र की सभ्यता भी प्राचीनतम् मानी जाती है परन्तु इसमें भी भारतीय संस्कृति की झलक स्पष्ट है। 'हिस्टोरिकल हिस्ट्री आफ द वर्ल्ड, भाग 1'– के अनुसार मिस्र निवासी पणियों की एक शाखा है। 'इण्डिया इन ग्रीस' के लेखक 'पोकाक' के अनुसार मिस्रवासी अपने को सूर्यवंशी कहते हैं और सूर्य की पूजा करते हैं तथा मनु को ही अपना मूल पुरुष मानते हैं। नदियों तथा प्रान्तों के नाम भी भारतीयता से ओतप्रोत हैं। यूनानियों के सम्बन्ध में सिनोवस ने 'एनसिएन्ट सिविलिजेशन) में लिखा है– 'यूनानी लोग उस लम्बी यात्रा को, जो उनके पूर्वजों ने की थी, भूल चुके थे; किन्तु उनकी भाषा और उनके देवताओं के नाम के कारण उनके आर्य होने से लेशमात्र भी शंका नहीं है। इटली की वर्णव्यवस्था तथा भारतीय वर्णव्यवस्था में सामन्जस्य था। इटली में भी विवाह के समय अग्नि को साक्षी रखकर कन्यादान किया जाता है। रोम के निवासी अग्नि पूजक हैं तथा विवाह को एक धार्मिक कृत्य मानते हैं। 'टेस्टिस' का कथन है कि जर्मनी के वासी प्रातः उठकर स्नान करते, सिर के बालों में गांठ लगाते तथा ढीले वस्त्र पहनते थे।

चीन और भारत का सांस्कृतिक संसर्ग किस समय प्रारम्भ हुआ यह कहना कठिन है। दोनों देश सभ्यता के प्राचीन केन्द्र हैं।

रामायण में चीन का एक बार तथा महाभारत में कई बार उल्लेख है। युधिष्ठिर ने अपने राजसूय यज्ञ में परोसने का कार्य हूणों, चीनियों, तुशारों और सैन्धवों को सौंपा था। 'पूना आरिएण्टलिस्ट' की आठवीं जिल्द में लिखा है कि ई0 सन् 67 में चीन के सम्राट ने बौद्ध भिक्षु बुलवाये। भारत से कश्यप मातंग नाम भिक्षु चीन भेजे गए। स्वयं चीनियों ने 372 ई0 के लगभग बौद्धधर्म का प्रचार कोरिया में किया। ईसा की सातवीं शताब्दी में जापान के राजा ने बौद्धधर्म को अपनाया। पुराणों में वर्णित गन्धर्व देश यही तिब्बत है। तिब्बत का प्रवेश द्वार बदरिकाश्रम के मार्ग में ज्योतिर्मठ से प्रायः 40 मील पर है। भारतीय धार्मिक एवं ऐतिहासिक ग्रन्थों का तिब्बतीय भाषा में अनुवाद किया गया, वह 'तन्जूर' तथा 'कन्जूर' के संग्रहालयों में आज तक सुरक्षित है। नेपाल पर तो भाषा, लिपि, कला आदि सभी पर भारत का गहरा प्रभाव है। बुद्ध की जन्मभूमि लुम्बनी नेपाल की सीमा में है। बौद्धधर्म का नेपाल में प्रचार तथा पाटन के स्तूपों का निर्माण करने का श्रेय अशोक को था। मध्यकाल में बौद्धधर्म तथा हिन्दू धर्म के समन्वय से एक नूतन तान्त्रिक सम्प्रदाय का विकास हुआ, जिसने नेपाल में अपनी जड़ जमा ली। लंका रावण की राजधानी थी, जहां राम-रावण युद्ध हुआ, जिसके परिणामस्वरूप लंका आर्य-संस्कृति से ओत-प्रोत हो गया। भारत तथा लंका के सांस्कृतिक सम्बन्ध का श्रेष्ठतम प्रतिनिधित्व हमें 'बुद्धघोश्य' में मिलता है। बुद्धघोश्य बोधगया से लंका गए थे।

वर्मा को रामायण में चांदी की खान की जगह बताया गया है। नगरों के नाम प्रायः भारतीय है, यथा हस्तिनापुर (टगाडम), श्रीक्षेत्र (प्रोम), विश्णुपुर (पिसामुभयु) सदाभावती (घाटन), अरिमर्दनपुर (पागन)। अशोक ने बौद्धधर्म के प्रचार के लिए यहाँ 'सोन' तथा 'उत्तर' नाम के भिक्षुओं को भेजा था। वर्मा के राजा अनिरुद्ध (सन् 1040-1077) की पत्नी, भारत के वैशाली के राजा की पुत्री पंछकल्याणी थी जिसने राजा किजित्था (वर्मा का सबसे शक्तिशाली राजा) को जन्म दिया। उसका राज्याभिषेक भारतीय

रीति से वैदिक मन्त्रों द्वारा हुआ। अरिमर्दनपुर का आनन्द मन्दिर उड़ीसा के एक मन्दिर के नमूने पर हिन्दू कलाकारों द्वार बनाया गया। स्याम (थाईलैंड) में भी भारतीय संस्कृति दिखाई देती है। खुदाई के आधार पर तो है कि भाषा में पचास प्रतिशत शब्द संस्कृत के हैं। पहली दूसरी शताब्दी में बुद्धधर्म की हीनयान-शाखा का तथा 8वीं, 13वीं शताब्दी तक ब्राम्हण धर्म का यहाँ प्रभुत्व रहा। मुण्डन संस्कार अब भी चालू है। महाभारत तथा रामायण की कथा का प्रचार आज भी है। वियतनाम जिसका नाम पुराने ग्रन्थों में चम्पा है। भारत में चम्पा नामक नगर (भागलपुर) का अनुकरण था। ई0 सन् की पहली शताब्दी के पूर्वार्द्ध में कौण्डिन्य नाम का एक ब्राह्मण समुद्र-यात्रा करते हुए दक्षिण अनाम के कम्बोडिया नामक प्रान्त में पहुँचा। वहाँ की रानी, जो राज्य करती थी, से विवाह कर राजा बन गया। फिर शासन कर सभ्य बनाया। भारत जैसी अभिषेक-संस्कार की प्रथा आज भी है। सुत राम कम्बोडिया-निवासियों ने भारतीय रीति-रिवाजों, धार्मिक कृत्यों आदि को पूर्णतः अपना लिया। कम्बोडिया तथा चम्पा (वियतनाम) में ही सबसे पहले भारत के उपनिवेश बसे थे।

मलाया बारहवीं शताब्दी तक शैलेन्द्र राजाओं के अधीन रहा, वहाँ हिन्दू-संस्कृति फूलती-फलती रही। पन्द्रहवीं शताब्दी में महाराज परमेश्वर ने एक मुस्लिम कन्या से विवाह किया। यहाँ दुर्गा, नन्दी, गणेश आदि की मूर्तियाँ प्राप्त हुई हैं। इन्डोनेशिया (हिन्देशिया) स्वतन्त्रता-संग्राम में अपनी हार्दिक सहानुभूति एवं नैतिक सहायता द्वारा आज भारत यहाँ के लोगों का प्रिय हो गया है। सम्पूर्ण सुमात्रा में बिखरे हुए भारतीय सभ्यता के अवशेषों की क्रमबद्ध खोज का श्रेय स्विट्गार महोदय को ही है। हिन्दू-प्रभाव के द्योतक सभी प्रकार के कुछ न कुछ चिन्ह मिलते हैं। भारत और जावा में बहुत पुराना सम्बन्ध था और जावा का संस्कृत नाम 'यवद्वीप' था जिसका उल्लेख रामायण में है। सुग्रीव ने सीता की खोज में वहाँ वानर समूह भेजे थे। वर्मा, मलाया, चम्पा, कम्बोडिया, सुमात्रा, जावा, वाली आदि पूर्वी देशों और द्वीपों में बहुतेरे भारतीय संस्कृति

से दीक्षित होकर प्राचीनकाल में वृहत्तर भारत के अंग बने हुए थे। आस्ट्रेलिया में एक आन्ध्र शाखा बसी। इसका वर्णन ऐतरेयब्राह्मण में भी आया है। बाल्मीकीय रामायण से ज्ञात होता है कि ऋषि पुलस्त्य धर्मोपदेश के लिए आस्ट्रेलिया गये थे। उनके यहाँ हिन्दुओं जैसी छुआछूत, जातिवाद पूर्व जन्म आदि हैं। (अगस्त 1914 की 'थियोसोफिस्ट' पत्रिका)

'अमेरिका की प्राचीन सभ्यता भारत की ही देन है' यह विचार यूरोप और अमेरिका के विद्वानों के हैं। सृष्टि और प्रलय से सम्बद्ध भारतीय सिद्धान्तों से वे पूर्णतया सहमत थे। शुभ अवसरों पर उनके यहाँ घण्टे-घड़ियाल भी बजाये जाते थे। उन लोगों में यह बात प्रचलित थी कि उनकी संस्कृति का मूल स्रोत भारत है। सर विलियम जोन्स ने गहरे अनुसन्धान के बाद यह सिद्ध कर दिया है कि प्राचीन अमेरिकन लोग सीताराम को मानते थे और उनके यहाँ रामलीला के समान, राम-रावण-युद्ध-सम्बन्धी वार्षिक लीलायें हुआ करती थीं। नागलोक तथा पाताललोक यही अमेरिका ही है।

इससे यह स्पष्ट होता है कि सैन्यबल द्वारा संसार के भिन्न-भिन्न देशों को जीतकर उपनिवेश स्थापित करने के बजाय आर्यों ने संसार के भिन्न-भिन्न देशों में अपनी संस्कृति का संदेश भेजना शुरू किया था। इसी भावना से प्रेरित होकर वैदिक युग के हजारों वर्श बाद 'राम' समस्त दक्षिण भारत तथा लंका को पदाक्रान्त करके भी, साम्राज्य स्थापित करने के बदले, वहाँ के अनार्य निवासियों को प्रेम-सूत्र में बांधकर, आर्य संस्कृति को दक्षिण में विकसित करने में सफल हुए।

इस प्रकार प्राचीनकाल से ही भारत का विदेशों के साथ सम्बन्ध पाया जाता है। पुरातत्व-विशारदों की तो मान्यता है कि भारत ही संसार का सर्वप्रथम सभ्य देश है। अन्य देशों पर भारत की विजय राजनीतिक नहीं, अपितु धार्मिक थी। वैसे भी गौर से देखा जाय तो भारत के चारों तरफ के समुद्र का नाम उन्हीं देशों तथा प्रान्तों के नाम से है जैसे-हिन्द महासागर, बंगाल की खाड़ी, अरब सागर,

जापान सागर इत्यादि। कही भी अफ्रीका सागर, अमेरिका सागर या रूस सागर नहीं है। इससे भी स्पष्ट होता है कि यह बेल्ट सर्वप्रथम सभ्य थी जो समुद्र का नामकरण अपने देश पर कर लिया। भारत ने जगत को दिया–धर्म, दर्शन, ज्ञान और आध्यात्मिकता। सबसे बड़ी बात होती है हृदय पर राज करना। भारत अब स्वतंत्र है, आज भी उसकी स्वार्थमय नीति नहीं। आज भी वह 'समजन हिताय–सुखाय' की भावना से प्रेरित होकर ही उन्नति के पथ पर अग्रसर होना चाहता है।

"उत्तर–प्रदेश", मई–जून, 199, लखनऊ

ध्यान का वैज्ञानिक पक्ष

हमारे जीवन में कभी-कभी ऐसी घटनाएं घट जाती हैं जो आत्मा को छू जाती हैं। चौबीस घन्टे हमारे मन में वही बात चलती रहती है। आत्मा और जीवन की घटनाओं का वियोग कैसे हो, यह योग से ही सम्भव है। थोड़ी देर के लिए यदि हम अपने विचारों की श्रृंखला को तोड़ दे ंतो हमारा मन, हमारे विचार और विक्षेप चुप हो जायेंगे। गीता में कहा गया है ''यथा दीपो तिवातस्वोलेऽंगते सोयमा स्मृतता।'' जिस प्रकार एक दीपक वायु रहित स्थान में शान्त रहता है और वायु वाले स्थान में चंचल, उसी प्रकार साधक को अपनी साधना द्वारा; ध्यान-धारणा-प्रत्याहार द्वारा अपनी सभी खिड़कियों को बन्द करना चाहिए। ऐसी स्थिति में ज्योति अपने आप स्थिर हो जाएगी। इसी ज्योति का ध्यान अपने अन्दर करना पड़ता है। यह योग का एक पक्ष है इसी पक्ष का नाम कर्मयोग, ज्ञानयोग या भक्तियोग इत्यादि में समझाया गया है। यही मानसिक एकाग्रता का पक्ष है।

पहले के विद्वानों ने इस बात का पता लगाया कि शरीर के अन्दर जितनी भी नाड़ियां हैं; उनको शुद्ध करना चाहिए। उसे आसन, प्राणायाम, मुद्रा या बन्धों द्वारा ठीक किया जा सकता है। यह योग का एक दूसरा पक्ष है। यही शरीर स्वास्थ्य का पक्ष है।

योग का एक तीसरा भी पक्ष है, 'तन्त्र' का, जैसे तिल में तेल छिपा है, दूध में मक्खन छिपा है तथा काष्ठ में अग्नि, वैसे ही मनुष्य में प्रचण्ड शक्ति छिपी है। हमारे शरीर में एक छोटी सी ग्रन्थि है। और यह आत्मतत्व का 'बम' है। अगर इसे किसी तरह जगाया जाय तो मनुष्य पूर्ण समर्थ हो जाएगा, अजेय हो जाएगा। उसके लिए संसार की कोई भी वस्तु अलभ नहीं होगी, क्योंकि शक्ति स्रोत मिल जाएगी। इसी को तन्त्र में 'कुण्डलिनी' कहते हैं। शाक्तमत वाले इसे 'देवी' और शैव मत वाले इसे 'शिवा' कहते हैं। इसके जगने पर मस्तिष्क के परदे खुलने लगते हैं। इस सोई हुई शक्ति को जागृत करने का जो तरीका है यही योग का तीसरा पक्ष है। यही आध्यात्मिक प्रकाश का पक्ष है।

ध्यानयोग का स्थान– 'ध्यानयोग' को, योग में सबसे उच्च स्थान दिया गया है। नामोच्चार से बढ़कर वाक, वाक से बढ़कर मन, मन से अधिक महत्वपूर्ण संकल्प, और संकल्प से भी अधिक बलवान 'चित्त' को कहा गया है। परन्तु चित्त से भी बढ़कर ध्यान को बताया गया है। नामजप, वाक, संयाम, मनोनिग्रह, संकल्पों का दमन, चित्तवृत्ति निरोध, यह सभी उपासना के क्रमिक सोपान हैं, ध्यान इन सबके ऊपर है।

ध्यान का आरम्भ विचारों पर नियन्त्रण और उनके सुनियोजन से किया जाता है। ध्यान की पूर्णता परमात्मसत्ता के साथ आत्म सत्ता को जोड़ देने पर ही निर्भर है। इस साधना से उच्चस्तरीय चुम्बकत्व की उत्पत्ति होती है, यह चुम्बकत्व चमत्कारी भूमिका उत्पन्न या सम्पन्न करती है। अदृश्य लोकों की ओर इस शक्ति द्वारा खिंचाव होता है या उनका भान होता है।

ध्यान एक जीवन्त अनुभव है। महर्षि पतन्जलि लिखते हैं "जब निरन्तर योगाभ्यास द्वारा मन की शक्तियों को नियन्त्रित किया जाता है तब चेतना को उच्च अवस्था की अभिव्यक्ति होती है, जिसे ध्यान कहते हैं।" आप चाहे किसी भी धर्म के मानने वाले हों

परन्तु ध्यान के लिए एक ईष्ट या लक्ष्य बनाना ही होगा, तभी चेतना की यात्रा सम्भव होगी।

ध्यान की विधि– ध्यान के लिए आसनों में सिद्धासन सर्वश्रेष्ठ आसन है, उसके बाद दूसरे नम्बर पर पद्मासन आता है। सर्वप्रथम आसन में बैठकर रीढ़ की हड्डी को सीधाकर तनाव रहित हो जाइये, उसके बाद आंखों को बन्दकर सबसे पहले दृष्टि को स्थिर करना सीखना चाहिए। आंखों को बन्द करके नासिकाग्र या भ्रूमध्य पर अपनी दृष्टि को स्थिर करने का अभ्यास काफी दिनों तक करना चाहिए। अगर दृष्टि स्थिर नहीं होगी तो आंखों की चंचलता का असर, मस्तिष्क को उत्तेजित करता रहेगा जिसके कारण आप जिस रूप को मस्तिष्क में बनाना चाहेंगे वह नहीं बन पायेगा। चाहे पांच मिनट ही ध्यान किया जाय परन्तु उतनी देर शरीर हिलना नहीं चाहिए। बिल्कुल पत्थर की तरह रहना चाहिए। यह काया की निर्विकार अवस्था होगी। स्थिरता शरीर के अन्दर की सभी प्रणालियों को शान्त कर देगी और दिल की धड़कन को भी धीरे-धीरे स्थिर कर देगी, फिर ध्यानाभ्यास में शारीरिक क्रियायें बाधा नहीं डाल सकती।

सुशुम्ना में विद्युत धाराओं का बहना– ध्यान की क्रिया तो विद्युत क्रिया है। जिस समय ध्यान लगता है सुशुम्ना (शरीर की नाड़ियों में से एक नाड़ी) में विद्युत धारायें बहने लगती हैं। यह यन्त्रों के सामने देखा गया है। उस समय मस्तिष्क की तरंगे बदल जाती हैं। ये तरंगें अत्यन्त शक्तिशाली होती हैं और इनका प्रभाव मस्तिष्क पर विक्रत तरंगों की भांति शीध्रता से होता है। उनका वोल्टेज बदल जाता है। इसके अलावा ध्यान के समय शरीर की सारी क्रियायें भी परिवर्तित हो जाती हैं; उसके चयापचय में भी परिवर्तन होने लगता है। ध्यान द्वारा इन्जाइम्स प्रभावित होता है तथा ब्लड सर्कुलेशन पर भी प्रभाव पड़ता है। मांसपेशियाँ और ऊतक भी प्रभाव से वंचित नहीं रह जाते। इस प्रकार सम्पूर्ण शरीर पर प्रभाव पड़ता है।

उच्च अवस्था की अनुभूति– ध्यान करते करते कुम्भक (श्वांस अन्दर रुक जाना) लगने लगता है। जब श्वांस रुक जाती है तब चित्त भी रुक जाता है। चित्त के रुकने से प्राण अपने आप रुक जायेंगे। बिना बहिरंग और शौच किये अर्थात् हठ–योग (आसन–प्राणायाम–शठ्कर्म इत्यादि) के, कुम्भक का लगना ठीक नहीं होता। हठ्योग द्वारा शरीर की शुद्धि के बाद कुम्भक लगने पर तत्काल उच्च अवस्था एवं अन्तरंग स्थिति की अनुभूति होने लगती है।

ध्यान लगाने का समय – वैसे तो रात को या 8–10 बजे दिन में भी ध्यान लगाया जा सकता है, परन्तु सबसे अच्छा समय प्रातः 4 से 6 है। इसे अमृत वेला या ब्रह्ममुहूर्त भी कहते हैं। यह पूर्णतः विज्ञान सम्मत् है, क्योंकि प्रातः 4 से लेकर 6 बजे तक मस्तिष्क में जो शक्ति का साइकिल होता है, सबसे निम्न अवस्था में रहता है। 6 बजे के बाद बराबर ऊपर ही उठता है और दो बजे फिर गिरना चालू हो जाता है। इसलिए जिस समय यह स्थूल शरीर गिरी हुई रहती है उसी समय आध्यात्मिक शक्ति को जागृत करना चाहिए, क्योंकि उस समय बाधायें कम रहती है, विक्षेप कम रहते हैं। इसके अलावा जैसे–जैसे दिन बढ़ता है वैसे–वैसे हमारे शरीर के अन्दर अनेकों प्रकार के रस–रसायन बहते हैं, अनेको हार्मोन के क्षरण होते हैं। ये जो रस रसायनों का हमारे शरीर में क्षरण होता है ये शरीर को प्रभावित करते हैं। शरीर के द्वारा नाड़ियों को, नाड़ियों के द्वारा मस्तिष्क को फिर मस्तिष्क के द्वारा ध्यान की क्रियाओं को प्रभावित करते हैं। प्रातः 4 से 6 के बीच में क्रियायें सुश्रुत अवस्था में रहती हैं। पाचन क्रिया उस समय शान्त रहती है। फेफड़े विप्लव की स्थिति में नहीं रहते और मस्तिष्क में उस समय जो निद्रापरक तरंग होती है (डेल्टावेभ्स) समाप्त हो जाती हैं। इसलिए 4 से 6 प्रातः के बीच का समय वैज्ञानिक दृष्टि से भी उपयुक्त और अनुकूल समय है।

ध्यान अन्तरमुखी चेतना है– ध्यान न ही चेतनाहीन अवस्था में है न चेतना का सिमटाव यह तो अन्तर्मुखी चेतना एवं मन का

विस्तार है। जब चेतना का वहिर्विकास होता है तो वस्तु, नाम, रूप समय तथा स्थान का ज्ञान हमें होता है। जब चेतना अन्तर्मुखी होती है और हम सजग रहकर अन्दर क्या हो रहा है, को देखते हैं तब सही ध्यान लगता है। पतान्जलि ध्यान के बारे में इस प्रकार कहते हैं–जब मन, नाम, रूप तथा ज्ञानेन्द्रियों द्वारा जानी जाने वाली वस्तुओं से परे चले जाता है तो यह ध्यान की अवस्था है।

जब हम आंख बन्द करते हैं और मन को विश्राम की अवस्था में रखते हैं, इसे ध्यान की तैयारी कहते हैं, ध्यान नहीं। आखें बन्द करने पर जो मानसिक अनुभव प्राप्त होता है, यह ध्यान का पथ है ध्यान की अवस्था नहीं। जब ईष्ट का नाम या मन्त्र सूक्ष्म आत्मिक अनुभवों में बदलती है और शरीर में स्पन्दनों का अनुभव करते हैं तो यह ध्यान मार्ग का अनुभव करता है ध्यान की स्थिति नहीं। ध्यान की मात्र एक परिभाषा है– जब चेतना नित्य हो जाय, इस बीच कोई दूसरी चेतना उपस्थित न हो, जब ध्यानकर्ता अपने अस्तित्व का भान खो दे यानी अपने ध्यान का तथा ध्येय वस्तु का लोप हो जाय तो यह ध्यान की अवस्था है।

जब हम ज्ञानेन्द्रियों तथा मन के सहारे किसी चीज को ग्रहण करते हैं तो यह बाहरी अनुभव है। जब हम इन्द्रियों के बिना मन पदार्थ तथा ज्ञान के बिना अनुभव प्राप्त करते हैं तो उसे अन्तर्ज्ञान कहते हैं। यह अन्तर्ज्ञान अनुभव है, जो बाहरी जीवन का कारण है। जब ध्यान की स्थिति प्राप्त होती है उसी समय हमें इस आन्तरिक जीवन का साक्षात्कार होता है और इसी समय आत्मचेतना का उदय होता है।

शाश्वत आनन्द की प्राप्ति– पार्थिव शरीर मिलता है जब हमलोग मां के गर्भ से बाहर आते हैं। मानसिक शरीर मिलता है जब हम पाशविक बन्धनों पर विजय प्राप्त करते हैं और आत्मिक शरीर मिलता है जब हम ध्यानावस्था की प्राप्ति में आते हैं। यह आत्मचेतना ही मानव जीवन का सर्वोत्तम लक्ष्य है। इसके उदय

होते ही हमारे क्लेश, परिमितता, भावनात्मक एवं शारीरिक समस्यायें सभी समाप्त हो जाती हैं और हम शाश्वत आनन्द से परिपूर्ण हो जाते हैं। जिस तरह वैज्ञानिक घर्षण तथा विघटन द्वारा किसी पदार्थ को तोड़ते हैं तो एक क्षण ऐसा आता है जब विस्फोट के साथ ऊर्जा का प्रवाह फूट पड़ता है, इस समय श्रृंखलाबद्ध रूप से ऊर्जा की प्रतिक्रिया होती है, ऐसा ही कुछ ध्यान में भी होता है। हमारी बौद्धिक चेतना के माध्यम से जो विस्फोट होता है उसे 'कुन्डलिनी' कहते हैं।

भारत ने दुनिया को जो सबसे बड़ी चीज दी वह है 'योग' का ज्ञान, ध्यान का ज्ञान। यदि मानवता, पशुता की ओर जाने से रूकेगी, यदि मानवता को देवत्व में रूपान्तरित होने का मौका मिलेगा तो इसमें सन्देह नहीं कि इसका श्रेय भारत को ही मिलेगा और वह परिवर्तन दण्ड व्यवस्था से रहित, राज्यव्यवस्था से रहित, बौद्धिक व्यवस्था से रहित, समाज व्यवस्था से रहित, योग व्यवस्था से ही सम्भव है। मन नहीं बदलेगा तो समाज कैसे बदल सकता है? मन नहीं बदलेगा तो मनुष्य कैसे बदल सकेगा? आप मुझे नहीं बदल सकते जब तक मैं स्वयं न अपने को बदलूँ। मन स्थाई स्थूल पदार्थ नहीं है, यह गतिमान पदार्थ है जो अनेक आकारों में हो जाने का सामर्थ्य रखता है। उसे 'ध्यान योग' द्वारा ही जाना जा सकता है।

"लखनऊ युग विचार दर्पण" 16 जुलाई 1991

दैनिक जागरण, 18 अप्रैल 1976

योग और आधुनिक जीवन

सृष्टि की जो जीव-शक्ति ब्रम्हांड में क्रियाशील है वह मृदंग थाप की तरह अपनी ही लय में निरन्तर थिरकती रहती है यह काल का सृष्टि संहार चक्र है जो जीवनी शक्ति में अखण्ड लौ की तरह सतत प्रज्वलित है। इसी के साथ आज मानव का मन परिवर्तित हो रहा है, लगता है कि मनुष्य चेतना के नये आयाम की खोज में व्यस्त है, वह आयाम जो कि धर्म, राजनीति, भाषा और स्वास्थ्य की सीमा से परे है। आज का मनुष्य इतना उतावला रहता है कि वह सत्य की खोज भी उसी उतावलेपन में करने का प्रयत्न कर रहा है, अपने मन को हमेशा बदलता रहता है।

इस बीसवीं सदी के अन्तिम चरण में विज्ञान और तकनीक का विकास अपनी चरम-सीमा पर पहुँच गया है, शहरीकरण और औद्योगीकरण भी अपनी चरम-सीमा पर बढ़ता जा रहा है। लोग आरामदेह जिन्दगी बिताने के चक्कर में और गर्त में गिरते जा रहे हैं। हमारी सभ्यता बढ़ती जा रही है लेकिन हमारी संस्कृति घटती जा रही है और इन सभी चीजों के बावजूद मात्र भौतिक विकासों से मानवीय दुखों को दूर करना सम्भव नहीं है। सभ्य होने के चक्कर में पड़कर मानव ने अपने सुखों की प्राप्ति में भौतिक शक्तियों

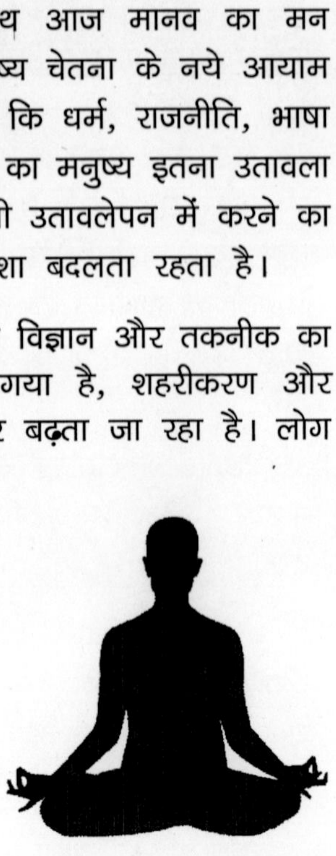

का विकास करके मानव अस्तित्व के लिए ही खतरा उत्पन्न कर दिया है। आज भौतिक दृष्टि से सम्पन्न और विकसित देशों के लोग भी अपने में रिक्तता का अनुभव और उनका क्रम दिन–प्रतिदिन बढ़ता जा रहा है। जैसे ब्लडप्रेशर, कैन्सर, डायबिटीज, दमा, पेप्टिक अल्सर इत्यादि।

योग विज्ञान और चिकित्सा–विज्ञान दोनों में ही अनेक बीमारियों की जड़ मन को माना जाता है, मन में व्याप्त घबराहट एवं तनाव ही रोग को जन्म देती है। हमारा पाचन संस्थान मन का बहुत ही संवेदनशील दर्पण है, क्योंकि यह पूरी तरह आटोनामिक नर्वस सिस्टम के प्रभाव में रहता है, यह वास्तव में मस्तिष्क के लिम्बिका क्षेत्र से संचालित होता है। भावनाएं और विचार मस्तिष्क में उत्पन्न होते हैं और नर्वस सिस्टम से होते हुए उदर और पाचन संस्थान के आन्तरिक अंगों को प्रभावित करते हैं। योग उस अस्थिर और उत्तेजनापूर्ण मन को शान्त और स्थिर करने का सर्वोत्तम उपाय है। आधुनिक सामाजिक जीवन के विध्वंस का कारण महज तनावूपर्ण मन ही तो है।

सामान्यतः अति संवेदनशील, क्रोधी और अत्यधिक क्रियाशील व्यक्तियों को इस रोग का शिकार होना पड़ता है, ऐसे लोग जरूरत से ज़्यादा इच्छाओं को मन में पालते हैं। समय रहने पर दो क्षण विश्राम नहीं करते। धूम्रपान, शराबखोरी और अत्यधिक आहार जैसी आदतें उनके मानसिक तनावों को स्पष्ट कर देते हैं।

योग की क्रियाओं को करने के पहले शठ कर्म का जानना जरूरी है। ये शठ कर्म इस प्रकार हैं। 1. धोती, 2. नेती, 3. बस्ति, 4. त्राटक, 5. नउली, 6. कपालभाती।

योग मुख्यतया 6 प्रकार के हाते हैं। 1–राज–योग, 2–कर्म योग, 3–हठ योग, 4–ज्ञान योग, 5–भक्ति योग और 6–मन्त्र योग। हठ–योग के अलावा कोई भी योग आज–कल के आधुनिक सभ्य युग के लोगों के लिए बड़ा कठिन काम है। हठ–योग का ही

पहला स्टेज आसन है, जिसके द्वारा हमारा शरीर पूर्ण शुद्ध होता है तथा भोजन का ज्ञान होता है। इसका सम्बन्ध हमारे शरीर और स्वास्थ्य से होता है, इसके द्वारा हम अपने इस अन्नमय शरीर से चलकर आनन्दमय तक पहुँच सकते हैं।

हठ–योग के 8 स्टेज होते हैं। 1–यम (आब्सटेन्सन), 2–नियम(आब्सटेरिटी), 3–असान (पोस्टर), 4–प्राणायाम (ब्रीथ कंट्रोलन), 5–प्रत्याहार (नर्भ कन्ट्रोल), 6–धारणा, (माइन्ड कन्ट्रोल), 7–ध्यान (कन्सन्ट्रेशन), 8–समाधि (सेल्फ रियलाइजेशन) । ध्यान द्वारा सुप्तावस्था में पड़ी कुण्डलनी शक्ति को जागरण कर सकता है। यह कुण्डलनी शक्ति प्रत्येक मनुष्य में सुप्तावस्था में रहती है। किसी–किसी में विभिन्न कलाओं में अपने को प्रकट करती है जैसे–चित्रकला, मूर्तिकला, कविता, नृत्यकला, लेखन इत्यादि। बहुत से लोगों में यह स्वाभाविक ही जागृत रहती है जिसे हम ईश्वर प्रदत्त गुण या जन्मजात गुण कहते हैं। इतिहास में युगों से जो महान व्यक्ति हुए हैं उनमें यह कुण्डलनी शक्ति किसी न किसी रूप में जागृत थी। जैसे वैज्ञानिक शोधकर्ता के रूप में कर्मयोगी एलबर्ट आइन्स्टाइन, समाज सुधार के रूप में कर्म–योगी महात्मा गांधी, गौतम बुद्ध, स्वामी विवेकानन्द, राज–योगी के रूप में श्री अरविन्द, भक्ति–योग में मीराबाई, जीसस क्राइस्ट, ज्ञान–योगी के रूप में–श्री शंकराचार्य, भक्तियोगी के रूप में –गोस्वामी तुलसीदास इत्यादि।

इस तरह योग के अभ्यासों द्वारा इन शक्तियों को जागृत किया जा सकता है और अन्त में ज्ञान की आत्मिक अनभूति को प्राप्त कर सकते हैं। पहले योग केवल योगियों के लिए था तथा एक नीरस दर्शन मात्र था, परन्तु आज खुशी इस बात को देखकर हो रही है कि आज कम से कम हमारा सभ्य समाज इसे मानने लगा है कि योग एक जीने की कला है। यह समय आ गया है कि जब भारत के धर्मज्ञ विश्व को सम्यक दृष्टि और दिशा प्रदान करें। मुझे आशा है कि निकट भविष्य में योग एक विश्व संस्कृति का रूप धारण करेगा।

'सन्मार्ग' (वाराणसी), 11 मार्च 1979

योगः कर्मसु कौशलम

योग का विषय निःस्संदेह प्रत्येक मानस के जीवन का अंग है। प्रत्येक समाज, चाहे वह अमेरिकन, रूसी या चीनी हो यह सबके लिए उपयुक्त है। इसकी उपयोगिता प्रत्येक मनुष्य के लिए हर जगह है। आजकल प्रायः देखा जाता है कि मनुष्य जिस वातावरण में रह रहा है इसमें कुशलतापूर्वक अपना निर्वाह करने में अपने को असक्षम पाता है, परिणामस्वरूप शारीरिक-मानसिक कष्ट उठाता है। अब सोचना यह है कि हम इस परिस्थिति को कैसे हल कर सकते हैं।

हम बाह्य जगत के प्राकृतिक क्षेत्रों में असंख्य शक्तियों का स्रोत पाते हैं। हम उन शक्तियों में से अधिकांश को नियन्त्रित करके अपने कार्यों के उपयुक्त बनाने की तकनीक भी जानते हैं, तो भी जब हम अपने अंतःकरण की ओर देखते हैं तो अपने को निर्बल अनुभव करते हैं। हमारे मस्तिष्क से आने वाला सामान्य आवेग भी हमारे पैरों को इधर-उधर डगमगा सकता है। हम यह नहीं जान पाते कि उस आश्चर्यजनक शक्ति की जो हमारे अन्दर छिपी है कैसे कार्य रूप में लावें और यही आजकल के मनुष्य का सही चित्र है। अर्थात अपनी परिस्थितियों से असंतुष्ट, तनावपूर्ण दशा में रहते हुए अंत में आत्महत्या पर भी उतारू हो जाना।

हमारे सामने एक सुन्दर जीवन उपस्थित है परन्तु हम उसको अपने ढंग से काट-छाट कर छोटा बना देते हैं। इस कारण नहीं कि हमारे बाहर कोई गलती थी बल्कि हमारा जीवन इस कारण बिगड़

जाता है कि हमारे अन्दर किसी वस्तु का अभाव है। प्रतिदिन हम मनुष्य के मन अथवा मस्तिष्क की इस दशा का निदान पाते हैं। विदेशों में इस दशा का कारण सभ्यता की आधुनिक तकनीक का अत्यंत विकसित होना ही है। इस प्रकार मनुष्य अपनी परिस्थितियों का एक छुद्र दास बन गया है जिसमें वह रहता है। कल्पना कीजिए उन माताओं को जो अपने बच्चों को बार-बार पीटती है, कल्पना कीजिए उन पतियों को जो अपनी औरतों को पीटते हैं, ऐसी घटनाएं प्रतिदिन सैकड़ों होती हैं। इन घटनाओं के कारण क्या हैं। इसका कारण जीवन की बाहरी सुविधाओं का अभाव नहीं है बल्कि कुछ अन्य हैं।

आज के मानव में विवेक शक्ति एवं मानसिक शक्ति का ह्रास होता जा रहा है। उदाहरण स्वरूप क्या आज का मानव क्रोध से लड़ सकता है। इस प्रश्न का हल आज के मानव के पास नहीं है क्योंकि आज का मनुष्य आत्म विवेचन और आत्मिक शक्तियों से दूर हटकर यांत्रिक सहायता के माध्यम से अपनी कमी को पूरा करना चाहता है। किन्तु अमेरिका के पागल खाने में रोगियों की संख्या कम नहीं हो पायी। आज के मानव की विडम्बना है कि अपनी आंतरिक शक्तियों को सीमित समझकर उसकी पूर्ति बाह्य माध्यमों से लेना चाहता है।

बाहरी शक्तियों पर नियंत्रण करने वाला मानव क्या आज अपनी आंतरिक शक्तियों पर कोई नियंत्रण नहीं रख पा रहा है। आज मनुष्य लकड़ी के टुकड़े के समान होकर रह गया है जो हवा के झोंके पर आश्रित है। इससे बढ़कर दुर्दशा और क्या हो सकती है।

इस समय मानवीय शक्ति के स्रोत के विज्ञान पर जो योग का एक अंग है, बहुत से कालेजों तथा विश्वविद्यालयों पर कार्य हो रहा है। इस पुरातन विद्या के आश्चर्यजनक परिणाम की परख आज के विज्ञान द्वारा भी सम्पादित हो रही है। योग पर प्रधानमंत्री स्व0 श्रीमती इन्दिरा गांधी ने भी अपने विचार व्यक्त किये थे कि 'योग एक साधना है। आज इसे संसार भर में मान्यता प्राप्त है। कोई भी

प्रयास जो सुचारू और सरल ढंग से लोगों को योग के विषय में समझा सके सराहनीय है।'

प्रश्न यह उठता है कि आज हमारे सोचने का ढंग क्या गलत हो रहा है जिससे कि हम अपनी समस्याओं का समाधान नहीं कर पा रहे हैं। स्वामी विवेकानन्द ने यही प्रश्न इस शताब्दी के आरम्भ में उठाया था। उन्होंने अनुभव किया कि धर्म, दर्शन एवं विज्ञान इन सभी द्वारा हमें ऐसी शक्ति मिलनी चाहिए जिससे हम अपनी समस्याओं से लड़ सकें।

हमारे प्राचीन भारत ने अपने आधुनिक बेटों के लिए एक चिंतन का आयाम दिया है, उनका कहना था 'हम सत्य की खोज करेंगे और उस सत्य से समस्त मानव जाति का कल्याण करेंगे जिससे स्वयं की खोज हो सके।' उनकी यह परम्परा योग पर आधारित थी।

वास्तव में देखा जाये तो बुनियादी तौर पर हम सभी एक हैं। आत्मा के अंश हैं, जो अन्ततः शुद्ध एवं जागृत है। किन्तु बाह्य रूप से हम सभी भिन्न हैं, मात्र इन्द्रियों के द्वारा अलगाव का भान होता है। किन्तु गहराई से सोचने पर अनुभव होता है कि हम सभी में एकतात्मकता है। हमारी आत्मा अनन्त एवं एक है जो हम सबमें विराजमान है। यही सिद्धान्त 'अस्पर्श योग' कहलाता है अर्थात जो स्पर्श से परे हो यानी हम स्वयं को ही छू सकते हैं स्पर्श कर सकते हैं स्वयं के अलावा और किसी को नहीं स्पर्श कर सकते हैं। अगर हम दूसरों को हानि पहुंचाते हैं तो हम स्वयं को हानि पहुंचाते हैं। हम दूसरों को प्यार करते हैं तो हम स्वयं को प्यार करते हैं। यही एक आत्मा हर जगह व्याप्त है। हमारे अन्दर भारत का संदेश बहुजन हिताय, बहुजन सुखाय की बात पर आधारित न होकर, 'सर्वे भवन्तु सुखिनः', सर्वजन सुखाय और सर्वजन हिताय की बात पर आधारित है। सिकन्दर भारत आया मात्र विजय प्राप्त करने नहीं बल्कि भारत के महत् बुद्धि को परखने। अलबरूनी भी विजय के लिए नहीं, वह एक वैज्ञानिक था,

गणितज्ञ और खगोलशास्त्री था। वह जानता था कि भारत की शक्ति मात्र मानव कल्याण तथा मानव ज्ञान भण्डार को बढ़ाने में ही खर्च होती है। शताब्दियों से भारत की संस्कृति ज्ञान से, विज्ञान से, परा ज्ञान से प्रेम करता ही रहा है–आज की परिस्थितियों में परिवर्तन तभी सम्भव होगा जब हम अंतर दृष्टि डालें, अपनी संस्कृति अपनी परम्परा अपने दर्शन अपने अध्यात्म को समझे, जानें और उसे वैज्ञानिक रूप दें।

जब हम मानव की आंतरिक शक्ति पर विचार करते हैं तो सबसे पहले शारीरिक शक्ति पर ध्यान जाता है। शारीरिक शक्ति मानव के लिए एक धरोहर है क्योंकि सुगठित एवं सुव्यवस्थित तथा सुविकसित शरीर ही कठिन मेहनत और उच्च मनन का भार वहन कर सकता है किन्तु यह भी हम लोगों के पास नहीं है। शरीर के बाद हमारा ध्यान मानसिक स्तर पर जाता है। हमारे पास ऐसी भी शक्ति नहीं है जिसे हम परिस्थितियों से प्रभावित कर सकें। जिस शिक्षा के द्वारा राजनैतिक, सामाजिक तथा आर्थिक सामन्जस्य को स्थापित किया जाय वही आदर्श शिक्षा है जिसमें इन तीनों को समन्वित कर व्यवहार में उतारा जा सके यही जागृत मस्तिष्क के लक्षण हैं जो समाज में एक प्रतिशत ही दिखाई देता हैं।

ज्ञान ही शक्ति है अगर मनन द्वारा पाचन कर, फिर पचे हुए ज्ञान को शोशित कर लिया जाय क्योंकि अपचित या अशोषित ज्ञान के द्वारा शक्ति नहीं प्राप्त की जा सकती। वह ज्ञान जिसका सही अर्थ हम लोगों ने नहीं लिया जिसका ढंग से मनन नहीं किया ऐसा ज्ञान हममें और समाज में विकृतियां पैदा कर देता है। अगर हम अपने ज्ञान का सही महत्व समझने लग जायें तो हमारे समाज में मानसिक शक्ति का अभ्युदय हो जाय।

हमारे समाज में सही दिशा में मनन करने की कमी है। यह कमी तभी दूर हो सकती है जब हमारे अन्दर उस आदर्श ज्ञान को पाने की भूख पैदा हो जाय। यह भूख इस स्तर की हो कि इसे शांत करने में आयी बाधाओं का कोई प्रभाव न पड़े। उन बाधाओं

से बेपरवाह होकर हम पागलों की तरह ज्ञान की खोज में लगे रहें। ऐसी भूख और ज्ञान के प्रेम को ही तपस्या कहते हैं। जो भी विज्ञान की उपलब्धियां दिखाई देती हैं वह इसी ज्ञान की भूख प्रेम तपस्या का फल है। परिश्रम एवं समर्पित कर्म और अपने लक्ष्य की प्राप्ति, जल और भोजन छोड़ देना, सुख-दुख को भूल जाना यही तपस्या है। जब ऐसी तपस्या शिक्षा में आ जायेगी तभी देश स्वस्थ और जागृत हो जायेगा।

परन्तु यह सब कैसे हो। यह तभी सम्भव होगा जब हम अपने अन्दर छिपे शक्तिपुंज की ऊर्जा को विकसित करने की कोशिश करें। इसके अन्दर आत्मा है जो अथाह शक्ति का सागर है। इस आत्मशक्ति को उजागर करने का, जागृत करने का और उस आत्मशक्ति को प्रयोग में लाने की एक कला है एक विज्ञान है जिसे योग विज्ञान कहते हैं। स्पष्ट रूप से सारे विज्ञान से अधिक महत्वपूर्ण विज्ञान मानव आत्मविज्ञान है। बिना आत्मविद्या के सभी ज्ञान अधूरे हैं। बिना इसके किसी भी विषय में पूर्णता नहीं हासिल हो सकती।

अब प्रश्न यह है कि यह आंतरिक शक्ति-आत्मशक्ति या चरित्रशील कैसे प्राप्त की जाये। गहराई से सोचने पर पता चलेगा कि मात्र योग के माध्यम से ही हमारी आंतरिक शक्ति का विकास सम्भव है। महाभारत में भी मानव जाति में तीन प्रकार की शक्तियों का वर्णन है-प्रथम शक्ति 'बाहुबल' अर्थात शारीरिक शक्ति, दूसरी शक्ति 'बुद्धिबल' यानी मस्तिष्क की शक्ति, जिसका परिणाम आज की वैज्ञानिक उपलब्धियां हैं तीसरी शक्ति 'योगबल' है।

जब मनुष्य की बुद्धि भ्रष्ट हो जाती है अर्थात उचित अनुचित का भेद खो देती है तब बाहुबल-बुद्धिबल उस मनुष्य का कल्याण नही कर सकते।।

ऐसी परिस्थिति में केवल योगबल ही कल्याण की क्षमता रखता है। आज भ्रष्ट बुद्धि के विकास जो समाज में फैले हुए हैं जिसके परिणाम स्वरूप स्वार्थ, क्रोध, डकैती, चोरी, हिंसा इत्यादि परिलक्षित

हो रहे हैं इसका मात्र एक कारण है–योगबल की कमी। बिना इसके कालेज की उपाधियां कुछ नहीं करेंगी। योग बल के संचार मात्र से हमारी राजनीति, अनुशासन, पेशा और यहां तक कि विज्ञान में भी 'क्रान्ति' सम्भव है। हम आज आंतरिक शक्ति के स्तर पर भी अत्यंत गरीब हैं।

द्वितीय विश्वयुद्ध में जापान पूर्णतया नष्ट हो गया था किन्तु आज वहां उन्नति उसके पांव चूम रही है क्योंकि वे लोग वाणी, बुद्धि एवं इच्छाओं पर नियंत्रण रखते हैं, कम बोलते हैं, शान्त हैं, जो योगबल द्वारा ही सम्भव है।

गीता में कहा गया है–

'योगः कर्मशु कौशलम्'

अर्थात कर्म करने की शक्ति अथवा कुशलता और सुन्दरता से कर्म करना ही योग है, अर्थात वह कर्म जो कल्याणकारी हो, जिसे दूसरे का लाभ हो, यही कर्म कौशल है। ऐसे एक कर्म से हमें दो लाभ होते हैं– एक तो बाह्य स्तर पर, दूसरे के कल्याण के रूप में, दूसरे, अपने अंतःकरण की शक्ति का अभ्युदय होता है। आंतरिक रूप से संतभाव और बाह्य रूप से कल्याणकारी भाव हो जाने पर आदमी राजा+ऋषि अर्थात राजर्षि हो जाता है।

कहने का तात्पर्य यह है कि जब शरीर, शक्ति से ओतप्रोत हो, शरीर शक्तिवान एवं बलवान हो उसी समय शरीर की शक्तियों का संचय कर, उसे उचित दिशा– में लगाना चाहिए, उस शक्ति पर नियंत्रण रखना चाहिए जिससे वह बर्बाद न हो। इसी नियंत्रण का नाम चरित्र है। यह शक्ति हमारे अन्दर ही निहित है, आवश्यकता है उसे योगाभ्यास द्वारा जाग्रत करने की। योग साधना ही वह घर्षण है जिसके द्वारा वह शक्तिरूपी अग्नि प्रज्ज्वलित की जा सकती है जो हम सबमें विद्यमान है–इसी अग्नि से हम अपनी तुच्छता–नीचता एवं स्वार्थों को जला सकते हैं। इसी को गीता में

योगाग्नि कहा गया है। इसके द्वारा जो भी अनुभव या ज्ञान प्राप्त होता है वह उचित रूप से पच जाता है। दुख–सुख, सफलता–असफलता, जो मिले उसका पाचन कर लिया जाता है।

आज का मनः रोग कुछ नही है, वरन प्रतिदिन के अनुभवों का अपचित रूप ही तो है जिसे मनः चिकित्सक ट्रॉमा के नाम से पुकारते है।

आज विश्व के प्रत्येक नागरिक को योग का ज्ञान प्राप्त करना चाहिए जिससे वह विश्व शान्ति के लिए वरदान बन सके।

"प्रगति पुंज", अगस्त 1989, लखनऊ

शिक्षा, सभ्यता और संस्कृति

प्रातः काल अखबारों पर नजर डालते ही हम भारत की समस्याओं को पढ़ना प्रारम्भ कर देते हैं, चाहे वह राजनैतिक हो, सामाजिक हों या अर्थ सम्बन्धी हों। यह भारत के दो स्वरूपों में से एक है जिसमें गंदगी भरी है, जिसके सामने अन्तहीन समस्यायें खड़ी हैं, जिसमें हम और आप जी रहे हैं। इसी की तस्वीर अखबारों में देखने को मिलती है। यह भारत विश्व में सम्मान नहीं पा सकता है, यह विश्व में निन्दनीय होगा। पर क्या हमारा भारत मात्र वहीं भारत है! नहीं। इसमें सन्देह नहीं कि उपर्युक्त भारत की दुर्दशा से विमुख नहीं हुआ जा सकता है तथा इसे स्वीकार करने में हम पीछे नहीं रह सकते हैं। परन्तु एक दूसरा भारत भी है जिसे हम 'भारत देश महान' की संज्ञा दे सकते हैं या देते आए हैं। हम सभी भारतीयों का पुनीत कर्तव्य है कि इसे जानें और इससे गौरवान्वित हों।

जब तक हम भारत के महान गुणों को न जान पायेंगे, न समझ पायेंगे तब तक हम अपने गरीब और दुखी भारत को महान भारत में नहीं बदल सकते। हम विदेशों में जाकर अमर भारत की बात करते हैं जो पूर्णतया सत्य पर आधारित है। हम सच्चाई और शान्ति का पाठ इतिहास के प्रारम्भ से ही पढ़ते रहे हैं और वह भी अपने लिए नही पूरे विश्व के लिए "सर्वे भवन्तु सुखिनः"। हमारा अमर भारत का सन्देश बहुजन हिताय, बहुजन

सुखाय की बात पर आधारित न होकर सभजन सुखाय और सभजन हिताय की बात करता है। परन्तु विगत पांच हजार वर्षों में तरह-तरह की संस्कृति और सभ्यताओं ने इस शुद्ध भारत के दिल और दिमाग को रौंदा है।

सिकन्दर भारत आया, मात्र भारत पर विजय प्राप्त करने के लिए नहीं, बल्कि भारत के मस्तिष्क को स्पर्श करने, यहाँ की महत्‌बुद्धि को परखने। अगर हम यह सोचें कि अलबरूनी मात्र भारत पर विजय के ध्यान से आया तो यह हमारी भूल होगी। वह एक वैज्ञानिक, गणितज्ञ तथा खगोलशास्त्री भी था। उसने अध्ययन किया; जानता था कि भारत की शक्ति मात्र मानव कल्याण तथा मानव ज्ञान भण्डार को बढ़ाने में ही खर्च होती है। शताब्दियों से भारत की संस्कृति ज्ञान से, विज्ञान से, पराज्ञान से प्रेम करती रही है।

दुख है कि आज हमारी शिक्षा इसके बारे में कुछ नहीं दे रही है। आज हम इससे दूर होते जा रहे हैं जबकि हम स्वतंत्र हो चुके हैं। जब हम परतन्त्र थे तब लाचारी थी। अब इधर एक वर्ष से सरकार इस ओर ध्यान दे रही है तथा शिक्षा में परिवर्तन लाने पर विचार कर रही है। दुःख इस बात का है कि आज हम पश्चिमी देशों को भी पूर्ण नकल नहीं कर पा रहे हैं। उसका जो कमजोर कोना है वह गन्दा है, वही हम पकड़ पाते हैं और यही कारण है कि इतने दिनों बाद भी हमने अपने समाज में गन्दगी का अंबार बटोर लिया है और दूसरे देशों से पिछड़े जा रहे हैं।

परिवर्तन तभी सम्भव हो सकता है जब हम अन्तर्दृष्टि डालें-अपनी संस्कृति, अपनी परम्परा, अपने दर्शन, अपने अध्यात्म को समझें-जानें और उसे वैज्ञानिक रूप देकर पश्चिमी सभ्यता से जोड़ें। मुझे याद आ गया, एक बार नेहरू जी ने कहा था, "हमारी सभ्यता बढ़ती जा रही है परन्तु हमारी संस्कृति घटती जा रही है" (Now we are more civilized but less culture) जब हम इस पर विचार करते हैं तो प्रश्न उठता है कि आखिर प्राचीन भारत माँ ने अपने

आधुनिक बेटों के लिए इस सम्बन्ध में क्या दिया। इस सन्दर्भ में बहुत ही सुन्दर उत्तर प्राप्त होता है जो विनाश को सृजन में बदल देता है। यह केवल भारत या भारतवासियों के लिए ही नहीं वरन् समस्त विश्व के लिए है क्योंकि हमारे मनीशियों, तपस्वियों ने ऐसे ज्ञान की खोज नहीं की जो केवल वर्ग विशेष के लिए ही हितकारी हो। उनके सोचने का दायरा इतना संकीर्ण नहीं था। उनके चिन्तन का आयाम सार्वभौमिक था, उनका कथन था "हम सत्य की खोज करेंगे और सत्य से समस्त मानव जाति का कल्याण करेंगे जिससे स्वयं की खोज हो सके।" उनकी यह परम्परा योग और वेद पर आधारित थी।

माण्डूक्य उपनिषद में योग के महत्व की झलक मिलती है। मनुष्य की तीन सार्वभौमिक स्थितियां या अवस्थायें होती हैं–जाग्रत अवस्था, स्वपनावस्था और सुप्तावस्था। ये तीन अवस्थायें विज्ञान के अनुरूप हैं। किन्तु माण्डूक्य उपनिषद में एक चौथी अवस्था का भी वर्णन है जिसे तुरीया अवस्था कहते हैं। यह अमर अथवा शाश्वत है, शुद्ध है, चिर प्रकाशित है एवं अनन्त है और यही अवस्था अनन्त मानव स्वभाव है, अर्थात आत्मा तीनों अवस्थाओं से परे है। यह तीन अवस्थाओं का साक्ष्य तो है किन्तु अप्रभावित हैं। यही आत्मा की अनन्त अमर प्रकृति है और ऐसी ही आत्मा हम सब में व्याप्त है जो अनन्त एवं पूर्ण जाग्रत है। यही मनुष्य की वास्तविक प्रकृति है।

धन्य है ऐसा विलक्षण दर्शन जो बताता है कि बुनियादी तौर पर हम सभी एक हैं; आध्यात्मिक स्तर पर हम सभी एक है; आत्मा के अंश हैं जो अनन्त, शुद्ध एवं जाग्रत है, किन्तु बाह्य रूप में हम सभी भिन्न हैं। इन्द्रियों के द्वारा अलगाव का भान होता है। किन्तु गहराई से सोचने पर अनुभव होता है कि हम सभी में एकात्मकता है। हमारी आत्मा अनन्त एवं एक है जो हम सब में विराजमान है। यही सिद्धान्त या दर्शन अस्पर्श योग कहलाता है।

अस्पर्श योग अर्थात जो स्वयं से परे हो अर्थात हम स्वयं को ही छू सकते हैं, स्पर्श कर सकते हैं, स्वयं के अलावा और किसी

को नहीं स्पर्श कर सकते हैं। अगर हम दूसरों को हानि पहुँचाते हैं तो हम स्वयं को हानि पहुँचाते हैं। हम दूसरों को प्यार करते हैं तो हम स्वयं को प्यार करते हैं। यही एक आत्मा हर जगह व्याप्त है। इसी प्रकार का दर्शन गीता में भी परिलक्षित होता है जिसे समत्व या समदर्शिता कहते हैं–

"समं सर्वेषु भूतेषु तिष्ठन्तं परमेश्वरम्।
विनश्यत्स्वविनश्यन्तं यः पश्यति स पश्यति।।"
(अध्याय 13/27) गीता

अर्थात जो पुरूष नष्ट होते हुए सब चराचर भूतों में परमेश्वर को नाश रहित और समभाव से स्थित देखता है वही यर्थाथ देखता है।"

"सर्वभूतेषु येनैकं भावभव्ययमीक्षते।
अविभक्तं विभक्तेषु तज्ज्ञानं विद्धि सात्विकम्।।
(अध्याय 18/20) गीता

अर्थात जिस ज्ञान से मनुष्य पृथक–पृथक सब भूतों में एक अविनाशी परमात्मभाव को विभाग रहित समभाव से स्थित देखता है, उस ज्ञान को तो तू सात्विक ज्ञान जान।"

अर्थात् सभी में समता है, एकात्मकता है, चाहे वह मनुष्य हो या जानवर हो। दर्शन एक दृष्टिकोण है, एक अनुभव है, बुद्धि द्वारा रचित कोई सूत्र या कविता नहीं है। इस दर्शन के अनुसार "सर्व भूता हितरताः" का सिद्धान्त भी प्रतिपादित होता है।

आज समस्त मानव जीवन अभाव ग्रस्त है, अनावश्यक तनाव से घिरा हुआ है और तरह–तरह के कष्टों को भोग रहा है तथा अपूर्णता का अनुभव कर रहा है ऐसी अवस्था में यह प्रश्न स्वाभाविक रूप से मुखरित होता है कि क्या कोई ऐसी शक्ति है जो हमें इन मुसीबतों से छुटकारा दिला सके, क्या हमारे अन्दर ऐसी ऊर्जा है जो हमारी निराशाओं को आशा में बदल दे। ऐसी ही

अवस्था में हम प्राचीन भारत की आध्यात्मिक परम्परा की ओर मुड़ते हैं जो मानव आत्म विज्ञान की बात बताता है। स्पष्ट रूप से सारे विज्ञान से अधिक महत्वपूर्ण विज्ञान 'मानव आत्म विज्ञान' (Science of Man in Depth) है। इसके द्वारा जीवन में पूर्णता, भव्यता, व्याप्त हो जाती है और सारा समाज एवं राष्ट्र पूर्णता तथा भव्यता प्राप्त कर सकता है।

"गोमती सुरभि" जनवरी 1989, लखनऊ

विकास कार्यों में नागरिकों का योगदान

दुनिया का कोई भी देश या किसी देश का कोई भी हिस्सा तब तक विकास नहीं कर सकता जब तक वहाँ के नागरिक कर्मठ और विकासोन्मुख न हों। आज उत्तर प्रदेश के विकास कार्यों में यहाँ के नागरिकों के योगदान पर विचार करने जा रहे हैं। वैसे तो संविधान के मुताबिक स्वतंत्रता के बाद जन्मा हर वह व्यक्ति इस देश का नागरिक है, जिसने भारत के भूभाग में जन्म लिया हो या भारत–पाकिस्तान के बटंवारे के समय से भारत मे रह रहा हो अथवा आम चुनाव तक भारत में आकर निरन्तर रहने लगा हो।

इस मामले में उत्तर प्रदेश के लोग भाग्यशाली हैं क्योंकि न केवल इस प्रदश की जनसंख्या भारत में सबसे ज्यादा है, बल्कि इस देश के पांच प्रधानमन्त्री भी इसी प्रदेश के हुए और इस प्रदेश ने ऐसे लोगों को जन्म दिया जो राष्ट्रीय स्तर पर प्रतिष्ठित होते हुए भी और केन्द्र सरकार में नम्बर वन कहे जाने के बाद भी प्रदेश के विकास का जिम्मा अपने ऊपर लेने के लिए मुख्यमंत्री तक की कुर्सी सम्भालने को तैयार हो जाते हैं। इस प्रदेश के विकास में महज राजनेताओं को शामिल करते हुए न भी देखें तो भी संस्कृति–साहित्य–कला–फिल्म–विज्ञान तथा पत्रकारिता के क्षेत्र में भी इस प्रदेश के नागरिकों ने बहुत योगदान दिया है। देश के सर्वाधिक विश्वविद्यालय इसी प्रदेश में हैं। यही कारण है कि आर्थिक तौर पर दूसरे कुछ प्रदेशों से औसत आमदनी कुछ कम होते हुए

भी उत्तर–प्रदेश उत्तरोत्तर विकास कर रहा है। चिकन और अन्य हस्तकलाओं, खांडसारी, जूता, कपड़ा, चूड़ी आदि उद्यमों में उत्तर–प्रदेश लगभग सभी प्रदेशों से आगे है। विभिन्न हिस्सों में असमान जलवायु तथा भिन्न–भिन्न सभ्यता और संस्कृतियों के होने के बावजूद भी हम सब लोग मिलकर विकास की दिशा में आगे बढ़ रहे हैं।

परन्तु ऐसा नहीं है कि हम जो कुछ पा चुके हैं वह हमें इतना कुछ कर देने के लिए पर्याप्त है कि आगे अब कुछ नहीं करना है। अभी बहुत कुछ ऐसा है जिसे किया जाना है और इससे भी ज्यादा किया जाना चाहिए। हर गांव तक शुद्ध पेयजल, बिजली, यातायात, स्कूल तथा निकटतम पांच किलोमीटर के अन्दर रेलवे स्टेशन या बस स्टेशन अभी भी उपलब्ध नहीं कराये जा सके हैं। इनमें से बहुत कुछ सरकार को करना है; तो ऐसा भी बहुत कुछ है जिसको अन्य नागरिकों को स्वयं अपनी पहल पर भी हासिल करना चाहिए। स्कूल और पेयजल की व्यवस्था पहले सामुदायिक विकास की भावना के तहत लोग सामूहिक रूप से कर लिया करते थे। सामाजिक दृष्टि से भी तथा धार्मिक दृष्टि से भी। परन्तु इस समय चूँकि दोनों का व्यवसायीकरण हो गया है, इसलिए सामुदायिक और सामाजिक भावना लुप्त हो गयी है।

हम अपने समाजवादी पृष्ठभूमि वाले माननीय मुख्यमंत्री (श्री नारायण दत्त तिवारी) के 64वें जन्म दिन पर आप सबका और इस गोष्ठी के माध्यम से प्रदेश के समस्त नागरिकों का आह्‌वान करना चाहते हैं कि वे अवचेतन सामुदायिक और सामाजिक भावना को पुनः संचार करें ताकि अपने स्तर से देश के विकास के लिए जो कुछ किया जा सकता है वह तो हो ही और साथ ही इसी सामुदायिक भावना के तहत सरकारी योजनाओं का लाभ भी उन तबकों तक पहुँचाने का प्रयास किया जा सके, वास्तव में जिसके लिए ये योजनायें बनायी गयी हैं। आज अनेक सरकारी योजनायें प्रदेश के विभिन्न तबकों के विकास के लिए चलाई जा रही हैं;

किन्तु या तो वे योजनायें बिचौलियों के बीच तक जाती हैं या आम नागरिकों को समय रहते यह पता ही नहीं चलता कि कौन सी योजनायें अमल में लाई जा रही है। इसलिए आज सरकार और उसके जिम्मेदार अधिकारी, पत्रकार और सभी नागरिकों का पुनीत कर्तव्य है कि आज हम सभी लोग माननीय तिवारी जी के जन्मदिन पर संकल्प लें कि प्रदेश के विकास कार्यों में प्रत्येक नागरिक की हिस्सेदारी सुदृढ़ करा सकें।

''हिमवन्ती'' (साप्ताहिक), (सहारनपुर) 26 अक्तूबर,1988

तीन परिवार

(नाटक)

परिवार नियंत्रण पर आधारित

दो शब्द

जन्म नियन्त्रण वर्तमान काल का एक गुरूत्वपूर्ण आलोचना का विषय है। पृथ्वी के प्रायः सभी देशों ने जन्म नियन्त्रण का स्वागत किया है इसके साथ ही साथ हमारा देश भारत भी। नित्य नूतन अनुसंधान के लिए इस विषय पर रात दिन खोज किया जा रहा है और काफी हद तक सफलता भी प्राप्त हो चुकी है। नित्य नूतन खोज के माध्यम से जन्म नियन्त्रण प्रथा को और भी सरल और सहज करने की चेष्टा हो रही है– कहीं मौखिक औषधि सेवन कराकर और कहीं शस्त्रोपचार के माध्यम से । इससे कम या ज्यादा क्षति भी हो रही है, फिर भी चिकित्सकों की तरफ से यही चेष्टा सर्वदा की जा रही है कि दवा का व्यवहार करने वाला या वाली को किसी भी प्रकार की क्षति न हो। इन्हीं बातों से प्रभावित होकर मैंने 'तीन परिवार' नाटक लिखा है। इस नाटक में तीन अलग–अलग परिवार हैं। एक परिवार में कई बच्चे हैं, दूसरे में दो बच्चे है तथा तीसरे में एक भी बच्चा नहीं है। इन तीनों परिवारों की स्थिति समाज में क्या होती है, इसे ही स्पष्ट करके समझाने की कोशिश की गई है।

जन्म नियन्त्रण की रोक-थाम के सभी प्रयास पूर्णरूपेण सफल नहीं हो पा रहे हैं, क्योंकि हम मानसिक स्तर पर इसे स्वीकार करने में अभी कतराते हैं। हमारे देश की भौगोलिक स्थिति एक जैसी नहीं है, फलस्वरूप मानसिकता भी एक जैसी नहीं है। यह देश एक ऐसा गजरा है जिसमें अलग-अलग वर्ग, रूप, गन्ध के फूल लगे हैं। अनेकता में एकता ही हमारी विशेषता है। मुझे आशा एवं विश्वास है कि इस नाटक को पढ़ने से समाज के सभी स्तर के व्यक्तियों पर प्रभाव पड़ेगा।

लेखक

तीन-परिवार

पात्रों का परिचय-

पहला परिवार- रमण जी की पांच पुत्रियां तथा चार पुत्र हैं। तीसरी पुत्री-लता, चौथी पुत्री-प्रीति, पांचवी पुत्री-प्यारी तथा चौथा पुत्र-दिनेश।

दूसरा परिवार- सुबोध तथा सुलक्षणा का है जिन्हें कोई सन्तान नहीं है। अनाथालय से दो बच्चे लेते हैं। प्रथम बच्चा-लावारिस तथा दूसरी बच्ची-पूजा।

तीसरा परिवार- सदानन्द तथा नन्दिनी का है जिन्हें दो सन्तान हैं। लड़का बसन्त और लड़की ऊषा।

एक कस्बे में एक रमण जी का परिवार रहता है। वैसे तो परिवार बहुत बड़ा है-तीन भाई और बहनें। बहनें सभी विवाहित हैं और भाइयों के विवाह के बाद अपना-अपना अलग-अलग घर संसार बसा चुका हैं। विधवा माँ का बटवारा न हो सका, अतः रमण जी के साथ जीवन के बाकी दिन गुजार रही हैं।

रमण जी की माता जी का अपना अलग दर्शन है। उनका मानना है कि मानव जन्म तभी सार्थक है जब मनुष्य अधिक से

अधिक सन्तान पैदा करे और ईश्वर की सृष्टि को और आगे बढ़ाता रहे। ईश्वर का यही विधान है और इस विधान में से किसी भी तरह का व्यवधान निकृषितम पाप है। माता जी पारिवारिक आदर्शों के प्रति भी अत्यधिक सजग हैं। इससे पहले कि जवान लड़का सड़कों पर जूठे पत्ते चाटे, परिवार के पितरों के गुण(मुंह) पर चन्दन की जगह कालिख पोते, बेहतर है कि जवान होने से पहले लड़के के पांव में बेड़िया डाल दी जायं। इन्हीं दर्शन एवं आदर्शों के अन्तर्गत रमण जी का विवाह अल्प आयु में ही सम्पन्न हो गया। फिर सूना–सूना सा घर भी तो खाने को दौड़ता। घर तो पूरा चहकता, महकता ही अच्छा लगता है। वह घर ही क्या जिसमें नई नवेली दूल्हन न चहकती फिरे और जल्दी ही बच्चों की किलकारियों से आंगन न गूंज उठे। हमारे पूर्वज मूर्ख थोड़े ही थे जो 'दूधो नहाओ पूतो फलो' का आशीर्वाद देते नहीं अघाते थे। रमण जी और उनकी पत्नी, माता जी के पदचिन्हों पर चलना, उनके दर्शन एवं आदर्शों का पालन करना अपना पुनीत कर्तव्य मानते हैं। प्रायः सास–बहू में मतभेद हो जाना तो अलग बात है, जहाँ दो घड़े होते हैं वहाँ खनक तो होगी ही। बावजूद इन सबके सास के आदर्शों का पालन अपना कर्तव्य समझ जीवन में आगे बढ़े।

ईश्वर की असीम अनुकम्पा से रमण जी को एक के बाद एक पांच पुत्रियां पैदा होती चली गईं किन्तु रमण जी की माता जी को एक दुख सालता रहा। कुल में दीपक कैसे जलेगा? पितर कैसे कृतार्थ होंगे? उन्हें पितृ जल कौन देगा? कपाल क्रिया और मुखाग्नि कौन देगा? कुल का नाम लेने के लिए कम से कम एक पुत्र तो होना चाहिए। पोते को गोद में खिलाने की लालसा ही माता जी के जीवन का एक मात्र उद्‌देश्य रह गया था। प्रभु की कृपा हुई और रमण जी को दो पुत्र भी प्राप्त हो गये, वरना संसार में भगवान को करूणा–निधान कौन कहेगा? किन्तु रमण जी की पत्नी ने जब पुनः गर्भ धारण किया तो दोस्तों ने तथा पास–पड़ोसियों ने बहुत समझाया कि मंहगाई का जमाना है, पांच पुत्री और दो

पुत्र बहुत होते हैं। फिर पत्नी का स्वास्थ्य भी दिन पर दिन गिरता जा रहा है ऐसी स्थिति में गर्भ गिरा दो, लेकिन रमण जी की माता जी ने कहा कि पड़ोसी तो जलते ही रहते हैं। मंहगाई है तो क्या हुआ। भगवान मुंह चीरने से पहले आहार का प्रबन्ध कर देते हैं। गर्भ गिराना जघन्य पाप है। बच्चे भगवान की नियामत हैं। उनकी खुशी बच्चा देने में है तो हम भला कौन होते हैं उनकी खुशी में रोड़ा अटकाने वाले। इस प्रकार रमण जी के दो पुत्र और पैदा हो गये। पुत्र उत्पत्ति का यह सिलसिला तब समाप्त हुआ ज़ब अगला बच्चा गर्भ में ही मर गया और सड़ गया। अन्त में पत्नी की जीवन रक्षा हेतु चिकित्सकों ने पूरी बच्चादानी ही काटकर निकाल दी।

इसी कस्बे में एक दूसरा परिवार सुबोध जी का है। परिवार में माता–पिता है। सभी बहनों का विवाह हो चुका है। भगवान का दिया हुआ सब कुछ है। समृद्धि एवं प्रगतिशील व्यापार, सुन्दर एवं सुसंस्कृत पत्नी, सुलक्षणा एवं सुलझे विचारों के माता–पिता। किन्तु विवाह के काफी दिनों बाद भी सुबोध एवं सुलक्षणा सन्तान सुख नहीं पा सके। वे अब सन्तान के लिए काफी चिन्तित रहने लगे। सास–ससुर ने इन लोगों के इलाज में पानी की तरह पैसा बहाया। किन्तु वे सन्तान सुख से वंचित ही रहे। पास पड़ोस के लोग सुलक्षणा को बांझ तक की संज्ञा देने से नहीं चूके। निःसन्तान सुलक्षणा की सारी खुशियां अब धीर–धीरे एकाकीपन, अधूरेपन के साथ दुख में बदलने लगी। संसार के सारे शब्द और संगीत सुलक्षणा के लिए अस्तित्वविहीन हो गए। सुलक्षणा के कान केवल एक शब्द 'मां' और उसमें रचे–बसे संगीत की झंकार को सुनने के लिए तरसने लगे। उसका नारी मन सन्तानहीनता की पीड़ा से कराह उठता, उसका मातृत्व एक ऐसे बाल कृष्ण के लिए तरसता रहता जो उसके रोम–रोम को सुवासित कर दे। नारीत्व, मातृत्व के बिना सर्वदा अपूर्ण होता है और इस अपूर्णता के कारण सुलक्षणा की जीवन दीपशिखा बुझने सी लगी। उसके मन–वीणा के तार

लोरी की जगह क्रन्दन राग से आरोहित होने लगे। सुबोध और सुलक्षणा के दाम्पत्य जीवन क्षितिज पर न तो कोई चांद था न कोई सूरज। सुलक्षणा का आंचल सूना था तो सुबोध का हृदय कुंठाग्रस्त। हितैषियों और रिश्तेदारों ने दूसरी शादी का प्रस्ताव भी रखा। सुलक्षणा ने सहर्श अपनी सहमति भी दे दी, किन्तु सुबोध घोर निराशाओं के तहत अपने आदर्श से नीचे नहीं गिर सका। निराशा तो भावनाभिभेषय की एक संज्ञा मात्र है, जो पल-पल बदलती रहती है किन्तु कर्तव्य तो भावना से ऊंचा है। निराशाओं के गहन अंधकार में जो आशा की ज्योति टिमटिमाती रहती है शायद उसी का नाम ईश्वर है। इसी आशा किरण को मानव संजोता है, उसे और दीप्तिमान बनाने का प्रयत्न ही पूजा, व्रत और उपासना कहलाता है। सुलक्षणा भी दवा से विवश हो दुआ का दामन थाम लेती है। व्रत-मन्नत-अनुष्ठान एवं पूजा भी उसके आंचल में एक फूल न खिला सके। पंडित, मौलवी और झाड़-फूंक करने वालों ने अपनी झोली तो अवश्य भर ली किन्तु सुलक्षणा की झोली खाली ही रही, कोख सुनी ही रही। 'नारी तेरी यही कहानी आंचल में है दूध और आंखों में पानी।' किन्तु सुलक्षणा क्या करे? कैसे बने नारी? किसे पान कराये अपने आंचल के दूध को? कोख की अग्नि ने तो आंख के पानी को भी जला डाला।

उस कस्बे का एक तीसरा आदर्श परिवार है सदानन्द जी का। सदानन्द के साथ उनकी पत्नी नन्दिनी तथा माता-पिता रहते हैं। सदानन्द के माता-पिता दोनों ही अवकाश प्राप्त शिक्षक हैं। शिक्षक माता-पिता ने सदानन्द को सुसंस्कार, सुसंस्कृत एवं शिक्षा के परिवेश में विकसित किया। सदानन्द इलेक्ट्रॉनिक इन्जीनियर हैं। जिस प्रकार ऊर्जा के प्रत्येक अंश का सदुपयोग वह अपने पेशे में करते हैं उसी प्रकार जीवन को भी ऊर्जा का स्रोत मानकर जीते हैं। जीवन ऊर्जा का स्रोत आनन्द उमंग उत्साह और सरलता सदानन्द का जीवन दर्शन भी इलेक्ट्रॉनिकी पर आधारित है जिस प्रकार धनात्मक एवं ऋणात्मक अवयवों के संयोग के बिना ऊर्जा पैदा

नहीं हो सकती उसी प्रकार स्त्री के सहयोग एवं साहचर्य के बिना पुरूष की जीवन ऊर्जा की कल्पना भी असम्भव है। जिस प्रकार ऋणात्मक अणुओं की गति से ऊर्जा संचरण करती है उसी प्रकार स्त्री भी पुरूष को गतिमान करती है, प्रेरित करती है। स्त्री ही पुरूष के जीवन के ऊर्जा की स्रोत है। स्त्री आनन्द, उमंग, उत्साह और सरसता रूपी अणुओं के संचरण द्वारा पुरूष को ऊर्जा प्रदान करती है।

सदानन्द की जीवन ऊर्जा उनकी पत्नी नन्दिनी है। दोनों ही जीवन रस से सराबोर हैं। दोनों ही जीवन के आनन्द को चिरकाल तक भोगने में विश्वास रखते हैं। ये लोग न तो जीवन को बोझ मानते हैं और न तो क्षणभंगुर। इन्हें विदित है कि जीवन एक यात्रा है और हर यात्रा के लिए एक अवधि निश्चित है इसलिए सदानन्द और नन्दिनी इस अवधि के प्रत्येक क्षण का भरपूर सहयोग करना चाहते हैं, जीना चाहते हैं और जीते हैं।

विवाह के बाद सदानन्द और नन्दिनी पानी और चन्दन की तरह मिलते गए, गीत और संगीत की तरह एक दूसरे पर छाते गए, पतंग और डोरी की तरह आनन्द वायु में उड़ते चले गये। उन्हें यह पता भी न चला कि जीवन के चार–पांच वर्ष कैसे बीत गए। ऐसा नहीं कि शारीरिक अक्षमता के कारण सन्तान योग न बना हो। वैवाहिक जीवन के भोग में सन्तान की सम्भावनायें कई बार बनी किन्तु ये दम्पति ने कुशल चिकित्सकों के निर्देशों का पालन कर, आधुनिक गर्भ–निरोधक प्रसाधनों का प्रयोग कर अपने वैवाहिक जीवन के आनन्द को दीर्घकालीन बनाते गए। ऐसा नहीं कि उन्हें बच्चा नहीं चाहिए। उन्हें भी सन्तान से मोह है। नन्दिनी भी मातृत्व को प्राप्तकर अपने नारी जन्म को सफल बनाना चाहती है। सदानन्द भी अपने दाम्पत्य बेल में फल की आशा रखते हैं। किन्तु इस संदर्भ में शीघ्रत्व के विरूद्ध हैं। वे नहीं चाहते कि मातृत्व विकसित होने से पहले ही नारी जीवन बोझिल और रसहीन हो जाय। ईश्वर ने नारी सौन्दर्य और सुख की रचना पुरूष के लिए

ही की है जिसे एक निश्चित अवधि तक भोगना प्रत्येक पुरूष का कर्तव्य है। स्त्री में नारीत्व के विकास के पहले ही उसे मातृत्व प्रदान करना परमेश्वर की सर्वोत्तम रचना का अपमान है। सदानन्द और नन्दिनी दोनों ही मानते हैं कि पौधा पहले कली पैदा करता है, समय विशेष पर कली पुष्प बनती है, कुछ दिन तक पुष्प अपनी शोभा और सुगन्ध बिखेरता है और समय विशेष पर पुष्प परागों से संचित हो शनैःशनैः फल का रूप धारण करता है और पौधे की वंश परम्परा आगे बढ़ती है। यही प्रकृति का विधान है।

कालान्तर में रमण जी के नौ पुत्र-पुत्रियां बड़े होते हैं। जिस दर से रमण जी ने सन्तान बढ़ाई उस दर से इनकी आमदनी न बढ़ सकी, क्योंकि सरकारी नौकरी में आय के बढ़ने का एक नियम होता है, परन्तु मंहगाई बिना नियम बढ़ती गई, साथ ही साथ बढ़ते हुए नौ संतानों पर व्यय भी बढ़ता गया। फलतः रमण जी के परिवार की आर्थिक स्थिति दिन पर दिन खराब होती गयी। इधर रमण जी की पत्नी का स्वास्थ्य भी कब तक साथ देता। नौ-नौ सन्तानों के पैदा करने में शरीर के सारे पोषक तत्व समाप्त प्राय हो गए। खोखले शरीर को तरह-तरह के रोगों ने आ घेरा। परिवार में खाने वाले बारह लोग किन्तु आय का साधन मात्र रमण जी की नौकरी। पत्नी का न तो ठीक से इलाज हो पाता और न तो उसको पोषक आहार ही मिल पाता। पत्नी धीरे-धीरे रोगी एवं चिड़चिड़ी हो गई। वह अस्वस्थता के कारण बच्चों पर ध्यान भी न दे पाई। फलतः बच्चे उदण्ड एवं आवारा हो गये। बच्चों की उदण्डता एवं अस्वस्थता के कारण घर का वातावरण ही अस्वस्थता, अरूचिकर एवं उबाऊ होने लगा। वही पत्नी जो रमण जी की दृष्टि में परम सुन्दरी थी, स्वभाव में जिसके माधुर्य था एवं जिसकी आवाज में संगीत की झंकार थी, वही पत्नी अब परम कुरूप, रूखे स्वभाव वाली एवं कर्कशा सी प्रतीत होती है। रमण जी का पत्नी के प्रति सारा आकर्षण समाप्त होता रहा था। पत्नी अपने को उपेक्षित सी समझने लगी। फलतः परिवार में कलह ने जन्म

लिया। रमण जी भरसक आय बढ़ाने का प्रयत्न करते किन्तु परिवार की बढ़ती हुई आवश्यकताओं के सामने आय एवं व्यय में कभी सामन्जस्य न हो सका। अपने आय–व्यय की चिन्ता, इतने बड़े परिवार का बोझ, इन सबसे रमण जी की समृद्धि के साथ–साथ उनका उमंग, उत्साह और जीवन सरसता का हरण हो गया। रमण जी असमय ही बूढ़े हो चले।

इधर सुबोध और सुलक्षणा का जीवन सन्तानहीनता के कारण दूभर होता चला गया। चिकित्सकों ने उन्हें टेस्ट–ट्यूब बेबी की सलाह बताई, किन्तु सुलक्षणा का भारतीय मन इसको स्वीकार न कर सका। पराये पुरूष का वीर्य या संचित डिम्ब वह भला कैसे धारण कर सकती है। अन्ततः सुबोध के समाजसेवी माता–पिता ने उन्हें अनाथालय से बच्चे लेने की सलाह दी। उनका कहना था कि समस्त मानव एक ही परमात्मा के अंश हैं। यदि सुबोध और सुलक्षणा के संयोग से कोई सन्तान पैदा होती है तो वह भी परमात्मा के अंश हैं, तो फिर दोनों में अन्तर क्या? केवल यही न कि अनाथालय का बच्चा उनकी कोख से नहीं पैदा हुआ। किन्तु ये भावनाओं का फेर है, विचारों की संकीर्णता है। इधर सुबोध और सुलक्षणा बच्चों की किलकारियों के लिए तरस रहे हैं उधर अनाथलय के बच्चे ममता और वात्सल्य के लिए तरस रहे हैं। इध ार सुलक्षणा लोरियां गा–गा कर बच्चे को सुलाने के लिए लालायित हैं तो उधर वे बच्चे लोरियों के बगैर सोने के लिए विवश हैं। क्यों न सुलक्षणा को अनाथालय के बच्चों से और उन बच्चों को सुलक्षणा से मिलाकर दोनों की अपूर्णता का अन्त कर दिया जाय। इस प्रकार सुबोध का विचार दृढ़ हुआ। इससे सुबोध और सुलक्षणा का जीवन सरस और उद्देश्यपूर्ण हो जाएगा और इन लावारिस बच्चों को मां–बाप के प्यार के साथ–साथ सामाजिक मान्यता भी प्राप्त हो जायेगी। सुलक्षणा का नारी जीवन धन्य हो जाएगा, नारीत्व, मातृत्व में बदल जाएगी। इसी क्रम में मानवता और समाज की सेवा भी हो जायेगी। मानवता की सेवा से बढ़कर कोई

पूजा नहीं। सुबोध और सुलक्षणा को ये सब तर्क झकझोर देते हैं और अन्त में उन्होंने अनाथालय रूपी समाज बगिया की दो फूल चुन लिए।

सदानन्द और नन्दिनी यौवन की नैसर्गिक मादकता का पान करते हुए तृप्ति अनुभव करने लगे। नन्दिनी, नारीत्व को भोगती हुई मातृत्व की मंजिल तक आ पहुंची एवं एक पुत्र तथा एक पुत्री को जन्म दिया। नन्दिनी का नारीत्व मातृत्व की प्राप्ति में पूर्ण हो गया, वह और अधिक दीप्तिमान हो खिल उठी। कुछ समय बाद नन्दिनी ने गर्भ निरोध का आपरेशन भी करवा लिया।

समय के साथ-साथ रमण जी के नौ पुत्र-पुत्रियां कुपोषण, रोग, अज्ञान, अशिक्षा और अभाव के तहत यौवन की चौखट पर आ खड़े हुए। किसी प्रकार से दो पुत्रियों का विवाह रमण जी कर सके। विवाह क्या, अपने पितृत्व एवं सामाजिक दायित्व से बरी हुए। स्त्री विवाह के बाद धीरे-धीरे क्षय रोग से ग्रसित हो असमय में ही साथ छोड़ चली गईं। तीसरी बेटी के विवाह के उपक्रम में दहेज जैसी आपदा से निपटने में घूस का सहारा लेने पर रमण जी गिरफ्तार हो गये। हाथ में हथकड़ी बेड़ी देखकर उनका हृदय रो उठा। अब उन्हें विदित हुआ कि बहुत सन्तान की कितनी बड़ी कीमत मनुष्य को चुकानी पड़ती है। सजा सुनते ही दिल का दौरा पड़ा एवं कुछ दिन जेल में बिताने के बाद मृत्यु को आलिंगन कर लिया। अभाव, अज्ञान और अशिक्षा ने स्व0 रमण जी की सातों सन्तानों को दिशा-विहीन कर दिया। परिवार का सारा बोझ अब स्व0 रमण जी की तीसरी पुत्री लता पर आ पड़ा। नौकरी तो उसे शिक्षा के अभाव में मिल न सकी। घर में कुछ पैसे व गहने थे नहीं जिसके सहारे जीवन यापन हो सकता। समाज के कलुषित लोगों ने लता के यौवन का सौदा कर लिया। मजबूर लता अनुभवहीनता, अज्ञान, अशिक्षा, अभाव और भूख के तहत बिक गई। लता की छोटी बहन प्रीती यौवन की भावनाओं में बहकर एक लड़के से प्रेम कर बैठी। प्रेम की मिठास का पता उसे तब लगा जब

वह वेश्या के कोठे पर पहुंचा दी गई। चारों भाइयों में एक स्मगलरों से जा मिला, दूसरा अराजक तत्वों के हाथ का खिलौना बन बैठा, तीसरा मोटर मैकेनिक का काम सीखने लगा और सबसे छोटा दिनेश शिक्षा का आंचल थाम कर येन केन प्रकारेण चलता रहा।

आगे चलकर सुबोध और सुलक्षणा का भी गोद लिया हुआ पुत्र लावारिस, वकील बन गया तथा बेटी पूजा समाज शास्त्र में पी0एच0डी0 कर रही है। सुबोध और सुलक्षणा ने लावारिस पूजा को अपनाकर समाज को विकृत होने से बचाने में मदद की वरना अनाथालय का अनिश्चित भविष्य उन्हें शायद शातिर बदमाश आदि बनने पर मजबूर कर देता। सुबोध और सुलक्षणा पूजा को अपनाकर संकीर्णता से उठकर उन्मुक्तता के विराट धरातल पर अनायास ही आ बैठे। सदानन्द और नन्दिनी को दो पुष्प ऊषा एवं बसन्त स्वस्थ वातावरण में पलते हुए बच्चा आई0ए0एस0 बन जाता है तथा बच्ची संगीत एवं नृत्य में महारत हासिल करती है।

घटनाक्रम में लता कटघरे में पहुंच जाती है। लावारिस सरकारी वकील की हैसियत से लता के विरूद्ध बहस करता है। लता अपने बयान में अपनी मजबूरियों की दास्तान अदालत को सुनाती है। लता बताती है कि किस प्रकार उसका समृद्ध परिवार बहुसन्तान द्वारा अभिशप्त होकर उजड़ गया। किस प्रकार समाज के कलुषित लोगों ने उसके उजड़े परिवार को उजाड़ा। छः भाई बहनों के बोझ को एक अनपढ़ अबला कैसे ढोती? उसके यौवन के सुनहरे सपने कैसे छिन्न-भिन्न हो गए। वह भी इज्जत की जिन्दगी चाहती थी। उसके मां बाप भी अपनी बेटी की डोली किसी अच्छे लड़के को सौंपना चाहते थे, पर बहु सन्तान की अग्नि ने सब कुछ जलाकर राख कर दिया। अदालत उसे नारी संरक्षण-गृह भेज देती है। लावारिस को लता से सहानुभूति हो जाती है और यही सहानुभूति प्रणय में और प्रणय विवाह में बदल जाता है।

सुबोध और सुलक्षणा को इस विवाह से अत्यधिक प्रसन्नता होती है क्योंकि संकीर्णता से विरक्त होकर उनका हृदय विराट हो

गया था। सारा समाज ही उन्हें कुटुम्ब जैसा प्रतीत होने लगा था। लता के सबसे छोटे भाई दिनेश को सुबोध ने अपने व्यापार में नौकरी दे दी। दिनेश नौकरी के साथ शिक्षा भी ग्रहण करता रहा। इस प्रकार दिनेश सुबोध जी के परिवार का एक अंग बन गया। पता नहीं कब जाने-अनजाने पूजा दिनेश की सादगी, परिश्रम और उसकी गम्भीरता पर रीझ जाती है। सुबोध और सुलक्षणा को जब इस राज का पता चला तो उन्होंने सहर्श दिनेश की शादी पूजा से कर दी। सुबोध और सुलक्षणा ने विवाह के उपलक्ष में अपना एक कारखाना दिनेश और पूजा के नाम कर दिया। अब दिनेश अपनी सबसे छोटी बहन प्यारी के विवाह में लग गया।

सुबोध और सुलक्षणा के जीवन का दर्शन ही अब समाज के पिछड़े एवं गिरे हुए लोगों को राह दिखाना बन गया था। समाज में फैली रूढ़ियों, अज्ञानता एवं अन्धकार को दूर करना ही उनके जीवन का ध्येय हो गया था। इन्हीं दोनों की मध्यस्थता से बसंत तथा प्यारी का विवाह भी सम्पन्न हो गया।

शीघ्र ही प्यारी के पांव भारी हो गए। सदानन्द और नन्दिनी को जब पता चला तो उन्होंने बसन्त और प्यारी को यौन विज्ञान तथा गर्भ-निरोध से परिचित कराया। पुरूष और स्त्री की शरीर रचना को समझाया एवं गर्भ निरोधक तरीके प्रसाधन आदि से अवगत कराया तथा उन्हें हर तरह से समझाया कि शादी के तुरन्त बाद बच्चा ठीक नहीं। प्यारी सहज ही इस बात को समझ गई क्योंकि वह भुक्तभोगी थी। उसे एहसास था कि किस तरह हंसता-विहसता पैत्रिक परिवार बहुसन्तान रूपी चक्की में पिस कर उजड़ गया।

बसन्त और प्यारी ने सदानन्द और नन्दिनी को साक्षी मानकर यह प्रतिज्ञा की कि ''बच्चा अभी नहीं और दो के बाद कभी नहीं।''

'नवांक' इलाहाबाद, (21 सितम्बर 1987)

मानव –प्रदूषण

आजकल पूरे विश्व में 'प्रदूषण' शब्द महामारी की तरह प्रचलित होता जा रहा है। आए दिन नये–नये प्रदूषण सुनने में आ रहे हैं, जैसे रसायन प्रदूषण, वायु प्रदूषण, जल–प्रदूषण, ध्वनि–प्रदूषण आदि। अब वैज्ञानिकों ने भी अपना ध्यान इधर केन्द्रित किया है।

अगर हम सीधी–सीधी भाषा में समझना चाहें, तो 'प्रदूषण' वह शब्द है, जिसे किसी भी शब्द के आगे या पीछे जोड़ दिया जाय तो उस शब्द की शुद्धता समाप्त हो जाती है, अर्थात वह दूषित हो जाता है और जब कोई चीज दूषित हो जाती है, तो उसे ग्रहण करने वाले पर उसका सर्वाधिक प्रभाव पड़ता है, चाहे वह आदमी हो, जानवर या पौधा हो। वातावरण में व्याप्त प्रदूषणों में प्रदूषकों की मात्रा का पता लगाने में आज वैज्ञानिक परेशान हैं, क्योंकि मानव को किसी भी तरह प्रदूषित होने से बचाना है।

देखना यह है कि मानव कितने तरह से प्रदूषित हो सकता हैः–

1–शारीरिक प्रदूषण।

2–मानसिक प्रदूषण।

3–सामाजिक प्रदूषण।

शरीर को प्रदूषित होने से बचाने के लिए हमें मुख्य रूप से स्वच्छ भोजन, स्वच्छ जल तथा स्वच्छ हवा की आवश्यकता पड़ती है तथा इसके साथ शारीरिक व्यायाम भी आवश्यक है। इन सबके लिए भारत सरकार काफी दिनों से प्रयासरत है।

जल प्रदूषण को रोकने के लिए सरकार नदियों की सफाई पर बल दे रही है। गंगा की सफाई का कार्य आरम्भ हो चुका है। क्योंकि गंगा भारतीय उत्कर्श सुख-समृद्धि और सिद्धि की ओर ले जाने वाली एक गति है, इसकी धारा जीवन को आन्तरिक और बाह्य प्रदूषणों को प्रच्छालित करती हुई भौतिक और आध्यात्मिक दोनों सुखों को प्रदान करती है। इसकी जानकारी हमारे युवा पधान मन्त्री माननीय श्री राजीव गाँधी जी को पूर्णरूपेण है, तभी उन्होंने 4 जनवरी, 1985 को घोषणा की "पवित्र-गंगा को कौन शुद्ध कर सकता है, किन्तु उसे प्रदूषण रहित किया जाएगा।" इसके अनुसार कार्य प्रारम्भ भी हो गया है।

मनुष्य को प्रदूषित करने में ध्वनि प्रदूषण का भी हाथ कम नहीं है। दुनिया के जिन नगरों में सर्वाधिक शोरगुल होता है, उनमें मुंबई, कोलकाता तथा दिल्ली भी शामिल है। इन नगरों में शोर-गुल का औसत स्तर 90 डेसिबल से अधिक है। यह जानकारी 6 जून 1980 में विश्व पर्यावरण दिवस पर सोसायटी फार क्लीन इन्वायरन्मेन्ट ने अपनी रिपोर्ट में (विज्ञप्ति में) दी। ध्वनि-प्रदूषण के कारण बहरापन, मानसिक एवं संवेगात्मक उत्तेजना, दिल की धड़कन में वृद्धि, अपच, तनाव, परेशानी और क्रोध, रक्तचाप में वृद्धि और अनिद्रा की समस्यायें उत्पन्न होती हैं। ध्वनि प्रदूषण को रोकने के लिए अन्य उपायों के साथ वृक्षारोपण की व्यापक योजना बनायी गयी है।

दूसरी तरफ आसमान में तेजाब की वर्षा होने के भी घातक परिणाम सामने आ रहे हैं। हाल में हुए वैज्ञानिक अनुसन्धानों से पता चला है कि कोलकसता, मुंबई, चेन्नई, कानपुर, अहमदाबाद औद्योगिक नगरों और इनके परिवेश में आसमान के वातावरण में

एसिड (तेजाब) की मात्रा बहुत बढ़ गयी है, जिससे प्राणियों–पौधों व जीवजन्तुओं के स्वास्थ्य को भयावह क्षति पहुँच रही है और निर्जीव पदार्थों का क्षरण हो रहा है। एसिड या तेजाब की वर्षा में वृद्धि हो जाने के कारण बड़े–बड़े शहरों के निवासियों पर स्नायविक दुर्बलता तथा छाती के रोगों का प्रकोप बहुत बढ़ गया है। दिल्ली में अन्तर्राजीय बस अड्डा के पास वायु–प्रदूषण मापन प्रणाली स्थापित की गयी है। इस प्रणाली में हवा में उपस्थित विभिन्न प्रदूषकों यथा कार्बन–मोनो–आक्साइड, निलम्बित कण, नाइट्रोजन आक्साइड, सीसे आदि की सान्द्रता आसानी से ज्ञात हो सकेगी।

इसी के साथ–साथ हम मानसिक स्तर पर भी भयंकर रूप से प्रदूषित होते जा रहे हैं। इसका सबसे बड़ा उदाहरण तो हमारे सामने आये दिन आत्महत्या का दिखाई देता है। आम तौर पर कोई बड़ा तनाव या शॉक अथवा किसी असफलता को बरदाश्त नहीं कर पाना ही मूलतः आत्महत्या का कारण बनता है। आत्म हत्याओं की तादात में वृद्धि के लिए आज की तनाव भरी जिन्दगी और उससे उपजी विसंगतियाँ ही दोषी हैं।

इस प्रकार हम देखते हैं कि आज मानव का सबसे बड़ा प्रदूषण मानसिक –प्रदूषण है तथा दूसरे नम्बर का खाद्य–प्रदूषण है। आज का मानव अशान्त होता जा रहा है। क्रोध तथा स्वार्थ पक्ष बढ़ता जा रहा है; हृदय पक्ष तथा बरदाश्त करने की क्षमता घटती जा रही है। आधुनिक सामाजिक जीवन के विध्वंस का कारण महज तनावपूर्ण मन ही तो है। हमारा पाचन संस्थान भी मन का बहुत ही संवेदनशील दर्पण है, क्योंकि वह पूरी तरह आटोनामिक नर्वस सिस्टम के प्रभाव में रहता है, यह वास्तव में मस्तिष्क के लिम्बिका क्षेत्र से संचालित होता है। भावनायें और विचार मस्तिष्क में उत्पन्न होते हैं और नर्वस सिस्टम्स से होते हुए उदर और पाचन संस्थान के आन्तरिक अंगों को प्रभावित करते हैं। अतः मन को शान्त और स्थिर करने का ही सर्वोत्तम उपाय ढूँढ़ना चाहिए।

मानव समस्या का हल नहीं ढूँढ़ा गया तो शान्ति हो ही नहीं सकती। आज पूरे विश्व में विश्वबन्धुता की बात की जाती है, परन्तु इसके लिए रहस्यवाद नहीं बल्कि मनुष्यवाद चाहिए। मनुष्यवाद लाने के लिए मनुष्य को स्वयं को व्यवस्थित करना होगा। पूरा समाज इस समय मानव निर्मित समस्याओं से पीड़ित है। चारों तरफ भ्रम फैला है, पूरा समाज चरमरा रहा है। दुःख, एकाकीपन और वेदना के बीच सब पड़े है। सभी स्वार्थ और भौतिक सुख, जिसकी नश्वरता ध्रुव है; के पीछे दौड़ रहे हैं। हमें किसी पर निर्भर न रहकर अपने बारे में स्वयं सोचने की जरूरत है। चारों तरफ फैली अव्यवस्था के लिए हम एक दूसरे को दोष देते हैं, लेकिन यह भूल जाते हैं कि हम स्वयं कितने अव्यवस्थित हैं। जब तक मनुष्य स्वयं को व्यवस्थित नहीं करेगा तब तक अव्यवस्था बनी रहेगी।

अणुबम तथा न्यूट्रान बम का सभी देश विरोध करते हैं परन्तु विडम्बना यह है कि विरोध के बावजूद इन विनाशकारी बमों का निर्माण जारी है। सर्वत्र आर्थिक विषमता तथा भ्रष्टाचार का जाल बिछा है। सभी ओर से मानव समस्याओं को बोझिल किया जा रहा है। धर्म को भी विभाजित किया गया है। आज सभी धर्म को समझने की जरूरत है। शुद्ध मन और पवित्रता के साथ जीने की तैयारी करने की आवश्यकता है। धर्म का अभिप्राय स्वयं को महान से संयुक्त करना है। धर्म, देश–काल की सीमा से आबद्ध नहीं किया जा सकता। बुद्धिमान मानव ने स्वयं चारों तरफ अव्यवस्था फैला रखी है। इस देश ने विश्व को अहिंसा का संदेश दिया जबकि सभी व्यक्ति हिंसक हैं। मानव को अपनी इच्छाओं पर नियंत्रण करना होगा, विचारों का सम्बन्धों से समन्वय करना होगा। दूसरे से कुछ नहीं मिलेगा। स्वयं के मस्तिष्क में भरे अखण्ड विचारों को जाग्रत करना होगा। विचारकों ने मानव को एक ऐसा युग दिया है, जिसे आज कम्प्यूटर युग की संज्ञा दी जाती है। मस्तिष्क का कार्य कम्प्यूटर ही करने लगेगा तो फिर मानव क्या करेगा।

मानव को प्रभावशाली बनाने के साधनों में बुद्धि की तीव्रता अत्यन्त महत्वपूर्ण स्थान रखती है। अपने जीवन को कभी नियति पर नहीं छोड़ना चाहिए। प्रयास और संकल्प के माध्यम से वही बनकर आदमी रह सकता है जो वह चाहता है। इसके लिए 'सादा जीवन उच्च विचार' का होना आवश्यक है। मादक द्रव्य तथा मांसाहारी जीवन से दूर रहना ही श्रेयस्कर है। विश्वविख्यात नाट्ककार जार्ज बर्नाड शा का कहना था– 'मुझे मुर्दे खाना पसन्द नहीं है। मैं अपने पेट को कब्रगाह बनाना नहीं चाहता।' यह निर्विवाद है कि सक्षम् मानसिक शक्ति का निर्माण स्वस्थ आदतों के निरन्तर अभ्यास द्वारा ही सम्भव है। जीवन में आने वाली सभी परिस्थितियों एवं सभी तथ्य चाहे वे शारीरिक, भावनात्मक अथवा सामाजिक हो, मन की शक्ति को प्रभावित करते हैं। मानसिक व्यक्तित्व का निर्माण पाठशालाओं और शिक्षकों द्वारा न होकर मन की विभिन्न प्रतिक्रियाओं एवं आदतों द्वारा होता है। नये खोज के अनुसार मन्द बुद्धि का आधारभूत कारण किसी न किसी प्रकार की शारीरिक अशक्तता या अस्वस्थता होती है। खराब दाँतों के कारण बच्चों का पढ़ाई में कमजोर होना एक सामान्य बात है। सुगठित, सुविकसित शरीर से सप्राण रक्त का निर्माण होता है। प्राणवान रक्त मांसपेशियों को ही आकार नहीं देता, बुद्धि को भी अधिक जीवन्त, अधिक आलोकमान, चेतना–शक्ति से सम्पन्न करता है। स्नायु, रक्तप्रणाली एवं पाचनशक्ति की प्रणाली की स्थिति हमारी विचार प्रणाली को प्रभावित करती है और हमारे मानसिक जगत का नियन्त्रण करती है।

सच्ची शिक्षा का अर्थ तो आन्तरिक शक्तियों का सर्वांगीण विकास है। मानवीय चेतना में अन्तर्निहित अनन्त शक्तियों को जाग्रत करने वाली प्रधान शिक्षा होनी चाहिए। यह तभी सम्भव होगा, जब शिक्षा में ज्ञान–विज्ञान की पूर्णता हो जिसके कारण व्यक्ति के जीवन में सर्वसमर्थता करा देना सम्भव हो तथा इसमें प्रकृति के स्वाभाविक नियमों को मानवीय चेतना में जगाकर संकल्पसिद्धि प्रदान करने की क्षमता हो। शिक्षा विधान आधुनिक

वैज्ञानिक शिक्षा पद्धति का अग्रदूत हो, सामयिक हो तथा भारत की वर्तमान प्रगतिशील सरकारी शिक्षा नीति के अनुसार हो।

हमारे प्रधान मन्त्री राजीव गाँधी जी ने कहा है– ''शिक्षा मानवता का विकास करने वाली होनी चाहिए।'' मानवीय शक्ति के स्रोत का विज्ञान, जो योग का एक अंग है, आज बहुत से कालेजों तथा विश्वविद्यालयों में पढ़ाया जा रहा है, तथा इस पर कार्य हो रहा है। इस विज्ञान की उन्नति का श्रेय हमारे पुरातन मनीशियों को जाता है। लगभग पाँच सौ वर्षों तक हमारे मनीशियों ने इस प्रारम्भिक विज्ञान पर कार्य किया और परिणाम बहुत ही आश्चर्यजनक और व्यवहारिक रहा तथा इसकी परख भी आज के विज्ञान द्वारा सम्पादित हो रही है और यह विज्ञान हमारे दार्शनिक और आध्यात्मिक परम्परा के अन्तर्गत है जो योग और वेदान्त पर आधारित है।

हमें एक बार फिर प्रदूषित–भारत को अमर–भारत में बदलने के लिए अथाह शक्ति के सागर आन्तरिक शक्ति या आत्म शक्ति को जाग्रत करना होगा। इसे जाग्रत कर प्रयोग में लाने की एक ही कला है, एक ही विज्ञान है, जिसे 'योग' या 'सुलूक' का विज्ञान या अध्यात्म विद्या कहते हैं। स्पष्ट रूप से सारे विज्ञान से अधिक महत्वपूर्ण विज्ञान 'मानव आत्म विज्ञान' है।

शारीरिक एवं मानसिक शक्ति मानव की बहुत महत्वपूर्ण धरोहर है। किन्तु यही दोनों शक्तियाँ काफी नहीं हैं। इन शक्तियों के बावजूद आज समाज में क्रोध, धूर्तता, असंतोष इत्यादि बढ़ता जा रहा है, क्योंकि आन्तरिक शक्ति एवं चरित्रशक्ति की कमी होती जा रही है। स्व0 नेहरू जी के शब्दों में –'हमारी सभ्यता बढ़ती जा रही है लेकिन संस्कृति घटती जा रही है। (Now we are more civilized but less cultured) महाभारत में तीन प्रकार की शक्तियों का वर्णन किया गया है जो सारे समाज, सारी मानव–जाति में भी पायी जाती है। प्रथम शक्ति 'बाहुबल' अर्थात शारीरिक शक्ति, दूसरी 'बुद्धिबल' अर्थात् मानसिक शक्ति। इसी शक्ति की देन आज

की वैज्ञानिक उपलब्धियाँ हैं। किन्तु ये उपलब्धियां अमेरिका के पागलखानों के रोगियों को कम नहीं कर सकी। इस विज्ञान की उच्चतम सफलता होगी जब माइक्रो वायोलॉजी के माध्यम से 2050 ए0डी0 तक मानव समाज को पशु समाज में बदलने में सक्षम हो सकेगा। परन्तु एक तीसरी शक्ति का वर्णन किया गया है जिसे योग-बल कहा गया है।

बुद्धि पर अंकुश योग-बल ही रख सकती है। आज जो मानव प्रदूषित हो गया है जिसके परिणाम स्वरूप स्वार्थ, क्रोध, डकैती, चोरी, हिंसा इत्यादि परिलक्षित हो रही है इसका मात्र एक कारण है-योगबल की कमी। जिस प्रकार वाष्पशक्ति, विद्युत शक्ति एवं वायु शक्ति को नियन्त्रित करके मनुष्य ने इन शक्तियों को अपना सेवक बना लिया है, उसी प्रकार योगबल के द्वारा बुद्धि को नियन्त्रित किया जा सकता है।

हमारा देश स्वतंत्रता के 40 वर्श बाद भी आन्तरिक शक्ति के स्तर पर गरीब है। जब हम युवा होते हैं, हमारे अन्दर अथाह शक्ति होती है, यदि हम इस शक्ति को नियन्त्रित कर लेते है तो हमारा चरित्र कितना सुन्दर, कितना धनात्मक और कितना सृजनकारी होता है। आजकल विश्वविद्यालयों में युवाशक्ति दिखाई देती है, यह तो प्रसन्नता की बात है। परन्तु जब हम इस शक्ति की प्रकृति पर विचार करते हैं तो पाते हैं कि यह आंधी की तरह है जिसमें अथाह शक्ति तो है पर अनियमित बिखरी हुई और विनाशकारी।

हमने विज्ञान के द्वारा प्राकृतिक शक्ति स्रोतों को नियन्त्रित करके उफनती हुई भयानक नियाग्रा फाल को नियन्त्रित कर हमने नहर और बिजली पैदा कर लिए जिससे सूखे खेत लहलहा उठे, घर-घर में उजाला हो गया। इसी प्रकार यदि हम बिखरी हुई युवा शक्ति को केन्द्रित कर दें, उचित दिशा दे दें तो हमारे राष्ट्र को पनपते देर न लगेगी। मानव प्रदूषित होने से बच जायेगा। किन्तु यह उचित

दिशा-निर्देश, युवा शक्ति का केन्द्रीकरण केवल योग बल अथवा आन्तरिक शक्ति के प्रादुर्भाव से ही सम्भव है।

द्वितीय विश्वयुद्ध में जापान पूर्णतया नष्ट हो गया था, किन्तु आज जापान ने इतनी उन्नति कर ली है कि बड़े-बड़े राष्ट्र भी उसके सामने फीके हैं। उन लोगों में योग बल विद्यमान है। वे लोग वाणी, बुद्धि एवं इच्छाओं पर नियन्त्रण रखते हैं। वे बोलते कम हैं तथा शान्त हैं और योगबल का अनुसरण करते हैं।

चीन के एक महात्मा ने कहा है-"तुम सभी और विशेषकर वे सभी लोग जो अधिकार शक्ति रखते है, और शासन करते हैं, ऐसे लोगों को दो गुणों से युक्त होना चाहिए। पहला आन्तरिक रूप से सन्तभाव होना चाहिए, दूसरा अधिकार, शासन इत्यादि का गर्व नहीं होना चाहिए।" कितना सुन्दर विचार है, अर्थात मनुष्य को विशेषकर शासन करने वाले को सुन्दर शारीरिक बल, सुन्दर बौद्धिक अथवा मानसिक बल एवं महान आध्यात्मिक शक्ति से युक्त होना चाहिए। उसके लिए किसी से भीख मांगने की कोई आवश्यकता नहीं है। गीता में कहा है- "योगः कर्मशु कौशलम्" अर्थात कर्म करने की शक्ति अथवा कुशलता और सुन्दरता से कर्म करना ही 'योग' है अर्थात वह कर्म जो कल्याणकारी हो, जिससे दूसरों का लाभ हो, वही 'कर्मशुकौशलम्' है।

जब शरीर शक्तिमान एवं बलवान हो उसी समय शरीर की शक्तियों को संचय कर, उसे उचित दिशा में लगाना चाहिए, उस शक्ति पर नियंत्रण रखना चाहिए, जिससे वह बर्बाद न हो। इसी नियन्त्रण का नाम चरित्र है। यह शक्ति हमारे अन्दर ही निहित है, आवश्यकता है उसे जागृत करने की। मनुष्य को पूर्णतया प्रदूषण रहित होने के लिए, जठराग्नि और मानसिक अग्नि की तरह उपनिषदों में वर्णित 'योगाग्नि भयम्' अर्थात आध्यात्मिक अग्नि को सबल बनाना होगा, जिसमें अनुभवों और ज्ञान का उचित पालन कर लिया जाय। दुःख-सुख, सफलता-असफलता जो भी मिले, उसका पाचन कर लिया जाये और इनसे विचलित न हुआ

जाय अन्यथा यह मनुष्य को 'ट्राउमा' (मनः रोग) की तरह नष्ट कर देगा।

अगर बाल्यावस्था से ही आध्यात्मिक शक्ति का अभ्यास यानि 'योग' का अभ्यास कर इसे प्राप्त कर लिया जाये, तो मानव को प्रदूषित होने का कोई प्रश्न ही नहीं उठता। आज भारत के प्रत्येक नागरिक को 'योग' का ज्ञान प्राप्त करना चाहिए, जिससे वह राष्ट्र के लिए वरदान बन सके।

"उत्तर प्रदेश", अप्रैल 1987, लखनऊ

YOGA SCIENCE AND SPIRITUALISM

In the six classics of Indian Philosophy the one 'YOGA' philosophy by Maharshi Patanjali has an important place. Among 'six' 'Sankya', 'Baisesic' and 'Yoga' seem to be very near to modern science, because the material world is not denied in them. Saint Kapilmuni has inumurated twenty five element in 'Sankya' and has placed 'Prakiti' as the principle one. The next place after 'Prakriti' is given to 'Purusa', means 'Atma' the consciousness of Living Being which is inactive, Pure and Chaste. This word is evolved out of 'Prakriti' and two types of things-Organic or conscious and inorganic or inert-are found in it. The mahat (Intelligence) or mind is evolved by 'Prakriti' and from Intelligence "Ahankara" (Ego), 'Mana' (Feeling) or conscience. Five sense organs, five work organs, of Sense The Taste, The sight, The smell, The Touch, The Voice and The Five great Elements-The Earth, The Water, The Air, The Heat and The space are evolved. Out of these The Intelect, The Ego of Self, The Feeling and ten organs, being the reflections of the virtue of consciousness are conscious things. The Five great Elements and their five properties are unconscious thing. This way 'Purusa' is the Knower and 'Prakriti' is the object which is known. In Yoga too all these Twenty five elements are recognised but one more element 'Iswara' is included to make the number of elements to be twenty six. So Yoga can be said to be 'Sanakya' with 'Iswar' added to it (Seshwar Sankya"). The Elements described in 'Sankya' or 'Yoga' are basically different from those of modern science yet they can be taken to be a classification of three Heads. The consciousness, the Living Being, and the Inorganic or Material world, which are studied in modern psychology, Biology, Medical Science, Chemistry and Physics.

'Sankya' and 'Yoga' both are aimed to give techniques for Man's salvation. According to 'Sankya' to be free from all the sufferings of Body, Material world and Fortune (Daihik, Daibik and Bhawatik) is salvation (the ultimate aim), which is possible by achieving adequate knowledge of the twenty five elements. In Yoga philosophy the freedom of 'Purusa' from the boundage of 'Prakriti' is salvation, and is a stage where self consciousness' (Atman) is absorbed in empirical consciousness (God). So by Yoga salvation cannot be achieved only by the knowledge of twenty five elements but by decipline and techniques (Sadhana). 'Sadhana' has eight steps or parts called 'Astanga Yoga'. These are as follows-1. Yama (Obstention), 2. Niyama (austerity), 3. Asana (Postures), 4. Pranayama (Breath control), 5. Pratyahara (Nerve Control), 6. Dharna (Mind Control), 7. Dhyana (Meditation) and 8. Samadhi (Attainment of Enlightement).

1. 'Yama' means to attain virtues like Truth, (Satya), Non-violence (Ahinsa), contentment (Santosh) and restraint (Aparigrah) etc.

2. Niyam-Purification of body and Mind by (Tapa) ascoticism, study of scriptures (Svadhyava), good behaviour and character etc.

3. ASAN- practice of such body postures as given in Yoga to attain perfect Physical health and resistance from diseases and control of body.

4. Pranayam- is the yogic science of breath control by which the action of heart is regularised and the blood is purified.

5. Pratyahar- by which the mind is restrained from the out world and is directed and centered towards the innerself,

thus the emotions are controlled and a firm determination is attained.

6. Dharana-means concentration on the empirical consciousness so as with no deviations.

7. Dhyana- is to go beyond mind and feel the self conscience totally foregetting the out world.

8. Samadhi- is the fulfilment of Dhyana and a stage of enlightment when the self consciousness or Divinity and even the identity self is lost. This absorbed stage is of two types 'Savikalp' and Nirvikalp Smadhi'. In Nirwikalp Samadhi Living Being becomes free of all boundage of 'Prakriti' and becomes one part and partial of that Eternal being and is filled with Bliss 'Paramanand'.

It can be seen thus that the entire process of Yoga is both scientific and spiritual. This discipline leads devotionalist from material wored to deeper abstrast absolute world of consciousness. This is the stage of clarity of vision whre one is able to look both ways outward to material world and inward to omniscient supreme exitance. Now all doubts and boundages drop and the Being is free (Mukta). This discipline of Yoga achieves it goal only when the body and mind are totally purified and masterly controlled. By the steps Niyama, Asana and Pranayama the body is purified and is disease free, by Yama, Patyahara and Dharna the mind is purified, balanced concentrated, and devoid of all the vices like doubts, anger, greed, proud, sex and envy etc. Owing to the vices of mind many mental and physical diseases are developed and one could get rid of them if the vices are removed. The fact is proved by Psychologists today 'Dharana' 'Dhyana' and Samadhi are beyond the realm of science at present.

The new developments in science are indicative of the fact that science and philosophy are coming closer and closer together and are aiming towards the same ultimate truth. Philosophy or particularly spirituality is not basically mystical or non believer of cause and effect of the maternal things for it also into a account the facts of the Human experience, though of course in its own way. The knowledge of the microorganisms or that of matter says molecules and atoms which science gathers by the use of instruments. Yogi gets it by Sadhana of self consciousness. The greatest accomplishment of the modern age is the fact that both science and philosophy in their search for truth, wing their own different methods have come closer to each other. In yoga this vast and endless universe is said to the exposition or the self expression of Divine 'Brahma' Science today is trying to explore that infite expressed Brahma only a day might come when it will try to know 'Brahma' Himself and then science too will be a kind of Philosophy.

Medical science has no doubt discovered the smallest micro organisms causing diseases but in the sphere of medicines only Homoeopathy has tried to go from crude to finer forms of matter. By dividing a drop into thousandth or millionth' part it is able to get unaccountable power to cure the so-called incurable chronic diseases. Thus Homoeopathy is very akin to the philosophy of Yoga. Like Medical Science, Mathe, Chemical and Physical Sciences are going deeper and deeper in search of minutest existence and form to explore the unseen the unknown and abstract things, Science would become spiritualist some day when it will find the glimpses of that Divine existence, and that day the Great saying of Sanskrit scripture "अणोरणीयान महतो महीयान" will become a scientific fact.

"NATIONAL MEDICAL GAZETTE", BOMBAY April 1982

भारतीय संस्कृति के प्रति एक समर्पित व्यक्तित्व

भारतीय राजनीति के क्षेत्र में कुछ इने गिने व्यक्ति ही ऐसे रहे हैं जिनका व्यक्तित्व भारतीय संस्कृति के प्रति पूर्णतया समर्पित था। महात्मा गाँधी, लोकमान्य तिलक, महामना पं0 मदन मोहन मालवीय और आचार्य नरेन्द्र देव इसी प्रकार के संस्कृतिनिष्ठ महापुरूष थे जिन्होंने भारतीय संस्कृति के उन्नयन को राष्ट्रीयता का अभिन्न अंग माना था। श्रद्धेय पं0 कमलापति त्रिपाठी भी ऐसे ही समर्पित व्यक्तित्व वाले महापुरूष हैं जिन्होंने भारतीय संस्कृति के आदर्शों को अपने जीवन में चरितार्थ किया है। राजनीति के क्षेत्र में रहकर भारतीय संस्कृति के प्रति निष्ठावान बने रहना साधारण बात नहीं है। यद्यपि कि महात्मा गाँधी ने राजनीति को भी सत्य के अन्वेषण का एक माध्यम माना था किन्तु उनके राजनीतिक सिद्धान्तों को आज ताख पर रखकर स्वतन्त्रता प्राप्ति के बाद के दशकों में राजनीति को अनीति और असत्य का क्षेत्र बना दिया गया है। किसी भी संस्कृतिनिष्ठ आदर्शवादी व्यक्ति के लिए ऐसे दूषित वातावरण में अपने आदर्शों के मार्ग पर निरन्तर चलते रहना निश्चय ही आश्चर्यजनक एवं असाधारण बात है। पं0 कमलापति त्रिपाठी जी ने इस असम्भव प्रतीत होने वाले कार्य को भी सम्भव बना दिया है।

पंडित जी भारतीय संस्कृति की परम्परा की अखण्डता और नैरन्तर्य में विश्वास रखते हैं। वे भारतीय संस्कृति के सभी अवयवों के प्रति आजीवन जागरूक रहते आए हैं। सत्य, अहिंसा और सदाचार उनके व्यक्तित्व के अंग बन गए हैं। अपने जीवन में उन्होंने कभी भी राजनीतिक उद्देश्यों के लिए गलत साधनों का उपयोग नहीं किया। वे महात्मागाँधी के इस सिद्धान्त के दृढ़ अनुयायी हैं कि पवित्र स्वसाध्य के लिए साधन का भी पवित्र होना आवश्यक है। अपने दृष्टिकोण के अनुसार वे सदैव सत्य का ही पक्ष ग्रहण करते आए हैं। असत्य, अन्याय और भ्रष्टाचार को उन्होंने कभी प्रश्रय नहीं दिया। इस तरह वे सही अर्थ में गांधीवादी विचारधारा के व्यक्ति हैं।

Tripathi—confident of success

भारतीय धर्म, भारतीय दर्शन, भारतीय वेशभूषा और भारतीय परम्परा के तो वे साकार विग्रह ही हैं। वे हृदय से यह स्वीकार करते हैं कि भारतीय जीवन विधि ही मानव जाति के लिए सबसे हितकारी जीवनविधि है। भगवान की नियमित रूप से आराधना

करना, सादगी का जीवन व्यतीत करना और भारतीय वेशभूषा को निष्ठापूर्वक अपनाए रखना, धार्मिक संस्कारों एवं सामाजिक पर्वों और उत्सवों में श्रद्धा और विश्वास रखना आदि ऐसी बातें हैं जो उनके व्यक्तित्व को अन्य राजनीतिक नेताओं की पंक्ति में सबसे विशिष्ट बनाती है। भारतीय दर्शन और धर्मशास्त्रों में उनकी अगाध श्रद्धा है। दुर्गासप्तशती का वे नियमित पाठ करते और शक्ति की उपासना के साथ-साथ सभी धर्म कार्यों को अपने घर परिवार में निश्चित रूप से सम्पन्न कराते हैं किन्तु वे महर्षि नहीं राजर्षि हैं उन्होंने तपस्वी का नहीं बल्कि एक राजयोगी का जीवन व्यतीत किया है। राजनीति के भीतर रहकर राजकाज के उच्च पदों पर प्रतिष्ठित रहते हुए भी उन्होंने सदैव एक योगी का ही जीवन व्यतीत किया है। योग दर्शन के प्रति भी उनकी अगाध श्रद्धा है। उनकी यह मान्यता है कि "योगः कर्मशुकौशलम्" के सिद्धान्त को अपनाकर जीवन के प्रत्येक क्षेत्रों में पूर्ण सफलता प्राप्त की जा सकती है।

ऐसे महान मनस्वी एवं राजर्षी को देश के प्रति जीवन में जो क्रान्ति उपस्थित करने का अवसर हाथ लगा है उसका यदि निर्वाध रूप से उपयोग करने दिया गया तो निश्चय ही भारतीय संस्कृति को पुनरूजीवित करने और क्षीणप्राय सांस्कृतिक परम्पराओं में पुनः प्राणप्रतिष्ठा करने की दिशा में पंडित जी का योगदान अभूतपूर्व माना जाएगा। उनके 77वें जन्म दिवस पर हमें यही मंगल कामना करनी चाहिए कि पंडित जी अपने सांस्कृतिक अभियान में पूर्ण सफलता प्राप्त करें।

पं0 कमलापति त्रिपाठी के 77वें जन्म दिवस पर 'स्मारिका' 3 सितम्बर 1981 वाराण्सी

आचार्य परशुराम चतुर्वेदीः व्यक्तित्व एवं कृतित्व

पूर्वी उत्तर प्रदेश के छोटे से जिला बलिया के जंवही ग्राम में 25 जुलाई 1884 ई0 में जन्में आचार्य परशुराम चतुर्वेदी पेशे से वकील थे। लेकिन साहित्य के प्रति अटूट श्रद्धा ने उन्हें संत साहित्य का विद्वान बना दिया। उत्तर भारत की सन्त परम्परा पर उनका ज्ञान विशद था। उनके द्वारा सन्त-साहित्य पर लगभग ढाई दर्जन शोध पूर्ण समालोचनात्मक ग्रन्थ लिखे गये हैं, जिसके कारण उन्हें हिन्दी साहित्य में उच्च प्रतिष्ठा मिली। उनके द्वारा रचित ये ग्रन्थ एक तरह से सन्त-साहित्य के कोश हैं। इनके अन्य प्रकाशित ग्रन्थों में 'निबन्ध संग्रह', 'साहित्येतिहास', 'अनुवाद और व्याख्यान' आदि हैं। 50 वर्ष तक वकालत करने के बाद 1974 ई0 में वकालत के कार्य को पूर्ण रूप से छोड़कर एक समर्पित साहित्यकार का जीवन जीने लगे। हिन्दी के प्रचार-प्रसार के लिए बलिया में 'हिन्दी प्रचारिणी सभा' की स्थापना की और 'चलता पुस्तकालय' नामक एक समृद्ध सार्वजनिक पुस्तकालय भी स्थापित किये, परन्तु वे 80 वर्ष तक पूर्णतः स्वस्थ होने के बाद भी 3 जनवरी 1979 ई0 में उनका देहावसान हो गया।

आचार्य चतुर्वेदी जी ब्रह्म मुहूर्त में उठकर 7-8 किलोमीटर दूर नित्य गंगा स्नान करने जाते थे। ब्रह्म मूहूर्त में उठना पूर्णतः विज्ञान सम्मत् है, क्योंकि सुबह 4 से 6 बजे तक मस्तिष्क में जो शक्ति

का चक्र होता है, वह सबसे निम्न अवस्था में रहता है। 6 बजे के बाद वह ऊपर उठने लगता है और 2 बजे फिर गिरना चालू हो जाता है। इसलिए जिस समय वह स्थूल शरीर सुप्त रहता है, उसी समय आध्यात्मिक शक्ति को जागृत करना चाहिए, क्योंकि उस समय बाधायें कम रहती हैं और विक्षेप भी कम रहते हैं।

यों तो साहित्य अनेक हैं परन्तु उनमें सन्त जोड़ देने से यह निश्चय हो जाता है कि सन्त-साहित्य समाज को सही दिशा ही प्रदान करेगा। सूफी एवं सन्त-साहित्य के प्रणेता आचार्य परशुराम चतुर्वेदी साहित्य जगत में सन्त-साहित्य के शिरोमणि माने जाते हैं। आचार्य चतुर्वेदी जी का जन्म जिस काल में हुआ उस समय की समस्त आशा,-आकांक्षा, हर्ष-वेदना, पुण्य-पाप, उनकी कृतियों का स्पर्श पाकर केवल दिव्य काव्य ही नहीं बना बल्कि कृत-कृत्य हो उठा क्योंकि यह सत्य है कि प्रथम कोटि के लेखकों ने अपने प्रत्येक युग के समस्त वातावरण को अपनी लेखनी द्वारा अभिव्यक्त करता है किन्तु उसके सृजन में एक ऐसा सुर बजता रहता है जो चिरन्तन है जो सदैव पिपासित मानव के समीप चिरन्तन सुधा के

रूप में प्रस्फुटित होता है। आचार्य चतुर्वेदी जी इसी प्रकार के एक सत्य संधान कर्ता साहित्य साधक थे।

प्रत्येक व्यक्ति समाज को अपनी अन्तःदृष्टि से देखता है। आचार्य चतुर्वेदी जी सन्त–साहित्य के मर्मज्ञ ही नहीं अपितु स्वयं संत थे। इसलिए साहित्य की अपनी सहजता तथा धार्मिक स्वभाव से उन्होंने सन्तों की कहानी को अपने जीवन में उतार लिया था। उनमें सन्तों के अनेक लक्षण देखे जाते थे। आचार्य चतुर्वेदी जी के परम प्रिय सन्त कबीरदास थे जो साहित्य संसार में एक महान समाज सुधारक तथा न्याय के पक्षधर माने जाते हैं। आचार्य चतुर्वेदी जी भी कबीर की भांति सामाजिक विसंगतियों और अन्याय के घोर विरोधी थे जिसका प्रभाव उनकी रचनाओं में दिखायी देता है। 'उत्तरी भारत की सन्त परम्परा', 'कबीर साहित्य की परख', 'सन्त काव्य', 'कबीर साहित्य चिन्तन', आदि कृतियों में सन्तों की अमिट छाप चतुर्वेदी जी में देखने को मिलता है।

आचार्य चतुर्वेदी साहित्यकारों के बीच एक सन्त के रूप में जाने जाते थे। सभा और समारोहों से दूर रहने वाले इस सन्त की गम्भीर रचनाओं ने समग्र हिन्दी जगत को आलोकित किया है। उनकी 'उत्तर भारत की सन्त परम्परा' निश्चय ही एक विशिष्ट रचना है जिसका कारण यह है कि हिन्दी साहित्य में इसके पूर्व कोई ऐसी पुस्तक नहीं थी जिसमें नाथों, निरंजनियों, कबीर पंथियों तथा नानक पंथियों आदि का परिचय एक जगह उपलब्ध हो। इनके मरने से साहित्य जगत की अपार क्षति हुई। वे निर्गुण सन्त साहित्य के विशेष लेखक के रूप में प्रसिद्ध थे। चतुर्वेदी जी एक पारिवारिक व्यक्ति थे तथा उनका निजी जीवन था जिसको कम लोग ही जानते हैं।

चतुर्वेदी जी के व्यक्तिगत व्यक्तित्व की विशेषताएं उनके निकट रहने वाले ही बता सकते हैं। वे मेरी पत्नी श्रीमती प्रेम कुमारी तिवारी के मामा थे इसलिए उनसे बराबर मिलना–जुलना रहता था। मेरी पत्नी की प्रारम्भिक शिक्षा उन्हीं के यहाँ रहकर हुई थी इसलिए उनके घरेलू जीवन को बताना इसलिए आवश्यक है कि

महान लोगों के गुणों को जानने से समाज में नयी चेतना और जागृति का विकास होता है जो निम्नलिखित रूप से वर्णित है–

(1) सरल स्वभाव

वे दूसरों से मिलकर बहुत प्रसन्न होते थे तथा हँसमुख स्वभाव होने के कारण व्यक्तित्व के अन्दर रूखापन नहीं था। वे कहने पर सहज ही फोटो खिंचवा लेते थे। सरलता, हँसना, प्यार करना तथा मधुर स्नेह आदि इनके गुण थे।

(2) स्वाध्याय

चतुर्वेदी जी तपस्या के रूप में स्वाध्याय करते थे। वकालत का कार्य लम्बे समय तक करने से कानून की तथा साहित्य के प्रति रूचि होने से साहित्यिक पुस्तकों की अधिकता थी। जिसका वे लगातार अध्ययन करते रहते थे।

(3) आत्म प्रचार

वे आत्मप्रचार से दूर रहते थे। बहुत बुलाने पर ही वे कहीं जाते थे। विज्ञापनों से दूर तथा ठोस काम में ज्यादा विश्वास रखते थे। वे जितना पढ़ते थे उतना ही लिखते थे।

(4) रूचि

वे भारतीय संस्कृति के पोषक थे तथा वे भारतीय संस्कृति के अनुसार ही वेश-भूषा धारण करते थे।

(5) नियमित जीवन

वे ब्रह्म मुहूर्त में उठकर गंगा स्नान करने जाते थे। वे सादा भोजन करते थे तथा सत्तू का लड्डू खाते थे।

(6) पारिवारिक जीवन

वे अपना सम्पूर्ण परिवार अपने पीछे छोड़कर चले गये। परन्तु उनके बच्चे बाद में प्रशासनिक सेवा के उच्च पदों से रिटायर्ड हुए।

आचार्य परशुराम चतुर्वेदी के जन्म दिवश पर 'स्मारिका' 1996

परिवार–नियंत्रण में होमियोपैथिक दवाओं का योगदान

जन्म नियंत्रण वर्तमानकाल का एक गुरूत्वपूर्ण आलोचना का विषय है। पृथ्वी के प्रायः सभी देशों ने जन्म नियंत्रण का स्वागत किया हैं, इसके साथ ही साथ हमारा भारत वर्ष भी। नित्य नूतन अनुसंधान के लिए इस विषय पर रात–दिन खोज किया जा रहा है। फिर भी सब कुछ एलोपैथिक चिकित्साविदों के मध्य ही सीमाबद्ध है। वे नित्य नूतन खोज के माध्यम से जन्म नियन्त्रण प्रथा को और भी सरल और सहज करने के चेष्टा में रत हैं। कहीं मौखिक औषधि सेवन कराकर और कहीं अस्त्रोपचार के माध्यम से। इससे कम या ज्यादा क्षति भी हो रही है। फिर भी उन लोगों की तरफ से यही चेष्टा सर्वदा किया जा रहा है कि दवा का व्यवहार करने वाले या वाली को किसी भी प्रकार की क्षति न हो। होमियोपैथिक क्षेत्र में ऐसी बात नहीं है। इसमें कुछ ऐसी औषधियां हैं जो जन्म नियंत्रण में सहायक है और साथ ही किसी प्रकार की क्षति भी नहीं है।

पहले हम थोड़ा इस पर विचार करेंगे कि होमियोपैथी क्या है–जर्मनी के एक बहुत बड़े एलोपैथिक चिकित्सक क्रिश्चियन फ्रेडरिक सैमुअल हैनीमैन सन 1790 में कालेन साहब लिखित ‘एलोपैथिक मेटेरियो–मेटेरिया मेडिका’ का अंग्रेजी से जर्मन भाषा

में अनुवाद करते समय पढ़ा कि सिनकोना (परवन बार्क) नामक औषधि जाड़ा लगकर आने वाले बुखार को दूर करती है। साथ ही यह भी पढ़ा कि यदि किसी निरोग व्यक्ति को 'सिनकोना' का सेवन कराया जाय तो उसे जाड़ा लगकर बुखार आ जाता है।

'सिनकोना' के इस परस्पर विरोधी गुणों को पढ़कर हैनीमैन महोदय उस पर गम्भीरतापूर्वक विचार करते हुए इस निष्कर्ष पर पहुँचे कि 'सिनकोना' में एक स्वस्थ मनुष्य के शरीर में जाड़ा ज्वर उत्पन्न करने की शक्ति है। सम्भवतः इसी कारण वह जाड़ा ज्वर को दूर करने की भी सामर्थ रखती है। उन्होंने स्वयं इसे खा कर प्रत्यक्ष अनुभव भी प्राप्त किया। इस विचार से वे अनेकों दवाओं का परीक्षण अपने शरीर पर किया और इस निष्कर्ष पर पहुँचे कि स्वस्थावस्था में जो औषधि शरीर में जिस प्रकार के लक्षण उत्पन्न करती है उन लक्षणों वाले रोग की अवस्था में वही रोग-नाशक भी सिद्ध होती है। इस प्रकार 'समः समें शयपति' (सिमिलिया सिमिलिइस करेंट्रा) या सम-विधान चिकित्सा यानी होमियोपैथी का जन्म हुआ।

प्रकृति के नियमानुसार शरीर में एक जैसे ही दो रोग एक साथ नहीं रह पाते। होमियोपैथिक औषधि द्वारा उत्पन्न सदृश-कृत्रिम

रोग चूँकि प्राकृतिक रोग जैसा ही होता है, अतः अब शरीर में प्राकृतिक तथा औषधि जन्य दोनों एक जैसे रोग प्रकट होते हैं, तब पहले तो प्राकृतिक रोग नष्ट होता है; फिर अस्थाई बल वाला औषधजन्य रोग से भी जीवनी –शक्ति के प्रभाव से पूर्णतः छुटकारा मिल जाता है; साथ ही औषधि–जन्य रोग का भी उसे कोई दुष्परिणाम नहीं भोगना पड़ता।

विश्वविख्यात चिकित्सकों जैसे डा0 वोरिक, डा0 फेरिंगटन, डा0 नेश, डा0 केन्ट इत्यादि चिकित्सकों की पुस्तकों को पढ़कर मैने पाया कि कुछ दवायें ऐसी हैं जो गर्भधारण की क्षमता को रोकती हैं या नष्ट करती हैं। उन दवाओं में प्रमुख नैट्रमम्यूर, प्लम्बममेंट, एपिसमेल, पलसाटिला, पीनस, सिकेली, सैंबिना इत्यादि हैं।

इन सभी दवाओं में सबसे अच्छी दवा नैट्रमम्यूर मिली जिसमें किसी प्रकार की शारीरिक क्षति नहीं होता। इसका कारण यह है कि भारत या पृथ्वी की नारी समाज में नैट्रमम्यूर के लक्षण युक्त नारियों की संख्या ज्यादा है। 90 प्रतिशत नारियाँ प्रायः नमक (लवण) पसन्द करती हैं। अन्यात मेटालिक औषध प्रयोग करने में शरीर का क्षति हो सकता है।

कलकत्ता के होमियोपैथिक मेडिकल कालेज एवं हास्पिटल के प्रोफेसर डा0 दुर्गादास दत्त ने नैट्रमम्यूर का प्रयोग करके संतोषजनक फल पाये हैं। जिन महिलाओं को नैट्रमम्यूर दिया गया है वे पहले एलोपैथिक टेबलेट सेवन करती थीं जिससे उनको कोष्टबद्धता, छाती धड़कना, अधिक मासिक ऋतुस्राव, छाती में दर्द, सिर के केश झड़ना इत्यादि रोगों से कष्ट पा रही थी। लेकिन वे सभी स्त्रियाँ जो नैट्रमम्यूर का नियमित सेवन करके इन सभी रोगों से छुटकारा पा गईं तथा परिवार नियंत्रण में भी सफल रहीं।

'नैट्रमम्यूर' सोडियम क्लोराइड है जिसे लवण या नमक कहते हैं। शरीर के प्रत्येक कोश (सेल) में सोडा नामक पदार्थ वर्तमान रहता है। यही सोड़ा, कोश (सेल) के मध्यस्त द्रव पदार्थ से बाहर निकलकर

बर्द्धनशील क्लोरीन के साथ मिलकर (क्लोराइड ऑफ सोडियम) में रूपान्तरित हो जाता है यह उसकी रासायनिक क्रिया हुई।

अब इसके मूल तत्व (एक्टिव प्रिंसिपल) पर अगर विचार करें तो हम पायेंगे कि सोडियम क्लोराइड 'नैट्रमम्यूर' शरीर में जाकर रक्त के साथ मिलकर योनिमार्ग में अम्ल रस की सृष्टि करता है; तथा क्षार (बेस जातीय रस के सृष्टि में बाधा पहुंचाता है। शुक्रकीट (स्पर्म) एसिडमीडियम होने से मर जाता है। (सरविक्ल म्यूकस) का मैंने जाँच कर पी0एच0 नहीं देखा है बल्कि कोलकाता के डा0 प्रसाद की रिपोर्ट के अनुसार इसे दिया है।

हम लोगों का प्रयोजन है कि योनि में अम्ल रस की मात्रा बढ़ाई जाय। इससे शुक्रकीट नही बच सकेंगे। इस क्षेत्र में नैट्रमम्यूर की भूमिका सबसे अधिक महत्वपूर्ण है क्योंकि नैट्रमम्यूर शरीर को विशेष क्षति नहीं करता है। मैं 5–6 वर्षों से सैकड़ों महिलाओं पर परीक्षा करके देखता आ रहा हूँ कि नियमित रूप से नैट्रमम्यूर के सेवन से गर्भ संचार रूक जाता है तथा किसी भी प्रकार का नुकसान भी नहीं होता है। अभी तक ऐसी कोई महिला नहीं मिली है जिसका जन्म नियन्त्रण सफल न हो।

नैट्रमम्यूर ज्यादा उन्हीं औरतों को लाभकर होगा जिसमें ज्यादा से ज्यादा नैट्रमम्यूर के लक्षण विद्यमान हों। इसका लक्षण मुख्यतया इस प्रकार है। नमक पसन्द करना, सिर के केश झड़ना, कोष्ठबद्धता, रक्तहीनता, स्वल्प रजस्राव, श्वेतप्रदर, चर्मरोग।

इसकी सेवन विधि इस प्रकार है–

मासिक स्राव बन्द होने के दो दिन पश्चात से आगामी मासिक स्राव नहीं शुरू होने तक प्रतिदिन सन्ध्या समय नैट्रमम्यूर की 3 एक्स की मात्र पांच टेबलेट थोड़े गर्म जल के साथ, यदि गर्म जल न हो तो ऐसे ही मुंह में डालकर लाजिंस की तरह चूसकर खा लें।

प्रथम एक माह तक नैट्रमम्यूर 3 एक्स प्रतिदिन सन्ध्या समय 5 टेबलेट सेवन करें। द्वितीय महीने में पहले की तरह मासिक बन्द

होने के 2 दिन पश्चात से नैट्रमम्यूर 6 एक्स प्रतिदिन सन्ध्या समय 5 टेबलेट सेवन करें। 3 महीने में भी पहले की तरह 12 एक्स 5 टेबलेट प्रतिदिन सन्ध्या में लें। चतुर्थ महीने में भी पहले की ही तरह नैट्रमम्यूर 30 5 टेबलेट प्रतिदिन सन्ध्या समय लें। इसके पश्चात पांचवें महीने में मासिक स्राव होने के 5 दिन नैट्रमम्यूर 1000 शक्ति की एक खुराक सेवन कर पूरे महीने औषधि न लें। इसी तरह प्रत्येक बार प्रथम महीने में पूरे महीने भर 3 एक्स, द्वितीय में 6 एक्स, तृतीय में 12 एक्स, चतुर्थ में 30 तथा पंचम महीने में एक हजार शक्ति की सिर्फ एक खुराक सेवन करें। इसी तरह छ्ठे माह से फिर यही पांच माह का कोर्स उपरोक्त तरीके से चलता रहेगा जब तक बच्चे की आवश्यकता न हो।

इस औषधि के सेवन के फल से योनि में अम्ल रसका आधिक्य होकर शुक्रकीटों का विनाश होता है। गर्भ संचार का रोध होता है, कब्ज दूर होता है, यकृत सतेज होता है। जिसके फलस्वरूप शरीर में लालित्व, तेज तथा शक्ति बढ़ती है। यों तो इसके सेवन करने से किसी भी प्रकार का अपकार होने की सम्भावनायें नहीं हैं, अगर कहीं थोड़ी हो भी जाय तो उस अवस्था में यदि थोड़ा ब्लड प्रेशर बढ़ जाय तो विरुद्ध औषधि सीपिया 30 या कैम्फर 3 एक्स दो घण्टे के अन्दर में 3–4 खुराक दें। उदरामय हो तो फेरमफास 6 एक्स कैलिफास 6 एक्स (3+3) 6 टैबलेट एक घण्टे के अन्दर से तथा बीच–बीच में नैट्मफास 5 एक्स और नैट्रम सल्फ 6 एक्स देते रहेंगे। पश्चिम बंगाल तथा भारत के प्रख्यात रसायनिक डा0 सत्यचरण घोष के मत से भी नैट्रमम्यूर ही एकमात्र औषधि है जो योनि में अम्ल रस बढ़ा सकती है और इससे किसी प्रकार की क्षति नहीं होती, बल्कि सेवन करने से उपकार ही होता है।

इस औषधि के सेवन काल में यदि औषधि सेवन करने में एक–दो दिन भूल हो जाय तो किसी भी प्रकार की क्षति की सम्भावना नहीं है। एक बात जरूर ध्यान देने की है कि महिलाओं को पहले यह देख लिया जाय कि उनको हाई ब्लड प्रेशर तो नहीं है। अगर हाई ब्लड प्रेशर है तो यह दवा तब तक नहीं दी जायेगी जब तक हाई ब्लड प्रेशर नार्मल न हो जाय। दवा लेने के बाद भी बीच–बीच में बी0पी0 लेते रहना चाहिए।

होमियोपैथी में कुछ अन्य दवायें भी हैं जो थोड़ी काम करती हैं जैसे–टेस्टोम 3 मात्रा 2 ग्रेन मासिक स्राव बन्द होने के दूसरे दिन से लगातार सात दिनों तक दिन में 2 बार सुबह–शाम महिलाओं को सेवन कराने से गर्भरोध होता है। यह एक हार्मोनजातीय औषधि है। दूसरी दवा साइक्लामेन (मदर टिन्चर) 5 बूंद प्रतिदिन सुबह तथा सन्ध्या के समय जेन्थव–जाइलम मदर टिंचर 5 बूंद, मासिक स्राव बन्द होने के पश्चात दूसरे दिन से सात या दस दिनों तक सेवन कराने पर भी गर्भरोध होता है। इसके अलावा पल्साटिला 1000 या 50000 या 100000 माहवारी बन्द होने पर दूसरे दिन देने से फिर एक माह पर माहवारी आ जाता है। इस तरह हर माह देते रहने पर भी अवरोध होता है।

सन्मार्ग (वाराणसी), 6 फरवरी, 1980

योग, विज्ञान और आध्यात्म

भारतीय शड्दर्षनों में महर्षि पतंजलि द्वारा प्रवर्तित योगदर्शन का महत्वपूर्ण स्थान है। इन छः दर्शनों में सांख्य, वैशेशिक और योग आधुनिक विज्ञान के निकट दिखाई पड़ते हैं क्योंकि उनमें भौतिक जगत की उपेक्षा नहीं की गई है। कपिल मुनि ने सांख्य दर्शन में पच्चीस तत्वों की परिगणना की है और प्रकृति को सर्वपधान तत्व माना है। प्रकृति के बाद दूसरा स्थान उन्होंने पुरूष दिया है। पुरूष का अर्थ है आत्मा या जीव जो निष्क्रिय और निर्विकार होता है। प्रकृति से ही जगत का विकास होता है जिसमें जड़ और चेतन दोनों प्रकार के पदार्थ होते हैं। प्रकृति से महत या बुद्धि (चेतना) का विकास होता है और महत से अहंकार, मन, पंच ज्ञानेन्द्रियों, पांच कर्मेन्द्रियों, इन्द्रियों के पांच विषयों–रस, रूप, गन्ध, स्पर्श, शब्द–और पंच महाभूतों (पृथ्वी, जल, वायु, अग्नि और आकाश) का विकास होता है। इनमें से बुद्धि, अहंकार, मन और दस इन्द्रियां चेतन के गुणों के प्रतिबिम्ब होने से चेतन है और पंच महाभूत और उनके पांच गुण अचेतन तत्व हैं। इस तरह पुरूष भोक्ता और प्रकृत भोग्या है। योग दर्शन में भी इन पचीस तत्वों को मान लिया गया है परन्तु साथ ही ईश्वर को भी एक तत्व मानकर तत्वों की संख्या छब्बीस कर दी गयी है। इसीलिए योग दर्शन को सेश्वर सांख्य भी कहा जाता है। ये तत्व आधुनिक विज्ञान के भौतिक तत्वों (एलिमेन्ट्स) से सर्वदा भिन्न है, किन्तु उन्हें चेतन

जीव और जड़ प्रकृति के तत्व अर्थात् सांसारिक तत्व माना जा सकता है, जिनका अध्ययन आधुनिक मनोविज्ञान, शरीर विज्ञान, चिकित्सा विज्ञान, रसायन विज्ञान और भौतिक विज्ञान में किया जाता है।

सांख्य और योग दोनों ही जीव की मुक्ति का साधन बताते हैं। सांख्य के अनुसार दैहिक, दैविक और भौतिक तापों से छुटकारा पा जाना ही मुक्ति है जो पच्चीस तत्वों के सम्यक ज्ञान से सम्भव है, किन्तु योगदर्शन में पुरूष का प्रकृति के बंधन से मुक्त हो जाना ही मुक्ति है। इस अवस्था में आत्मा और परमात्मा का मिलन हो जाता है उसके अनुसार साधना द्वारा ही मुक्ति संभव है। इस साधना के आठ सोपान या अंग बताए गये हैं जिन्हें अष्टांग योग कहा जाता है। वे आठ अंग निम्नलिखित हैं–यम (आब्सटेन्सन), नियम (आस्टेरिटी), आसन (पोस्टर), प्राणायाम (ब्रीथ कन्ट्रोल), प्रत्याहार (नर्व कन्ट्रोल), धारणा (माइन्ड कन्ट्रोल), ध्यान (मेडिटेशन) और समाधि (अटेनमेन्ट आफ इनलाइटमेन्ट)। 'यम' का अर्थ है–सत्य, अहिंसा, संतोष, अपरिग्रह आदि मानवीय गुणों को अपनाना। 'नियम' के अन्तर्गत शारीरिक और मानसिक शुद्धि की बातें जैसे तप, स्वाध्याय, सदाचार आदि आती हैं। 'आसन' उन शारीरिक क्रियाओं के अभ्यास का नाम है जिनसे शरीर के सभी अंग-प्रत्यंग स्वरूप, निरोग एवं नियंत्रित हो जाते हैं और रोगों को शरीर में प्रवेश करने से रोकते हैं। 'प्राणायाम' श्वांस-प्रश्वांस के नियन्त्रण की क्रिया है जिससे हृदय की क्रिया व्यवस्थित होती है और रक्त की शुद्धि होती है। 'प्रत्याहार' में चित्त को बाह्य वस्तुओं की ओर से हटाकर आत्मकेन्द्रित किया जाता है जिससे चित्त-वृत्तियों का निरोध होता है और संकल्प शक्ति दृढ़ होती है। 'धारणा' का अर्थ है अपनी लक्ष्य वस्तु पर चित्त को स्थिर करना और उसे तनिक भी न हटने देना। 'ध्यान' में चित्त ध्येय वस्तु में इतना डूब जाता है कि उसे बाह्य परिवेश का ज्ञान नहीं रह जाता। 'समाधि' ध्यान की चरमावस्था है जिसमें साधक अपनी संज्ञा भूलकर ध्येय

में लीन हो जाता है, इसे लयावस्था भी कहते हैं। यह अवस्था दो प्रकार की होती है–सविकल्प समाधि और निर्विकल्प समाधि। निर्विकल्प समाधि में जीव सांसारिक बन्धनों से मुक्ति पा जाता है और आत्मा परमात्वस्वरूप होकर परमानन्द की अनुभूति करती है।

इस अष्टांग योग की समस्त प्रक्रिया वैज्ञानिक और आध्यात्मिक दोनों ही है। यह प्रक्रिया साधक को स्थूल भौतिक जगत से क्रमशः सूक्ष्म, सूक्ष्मांतर और सूक्ष्मतम जगत की ओर ले जाती है। यह सूक्ष्मतम जगत ही कैवल्य की अवस्था है जिसमें पहुँचकर जीव प्रकृति के समस्त बन्धनों से पूर्णतः मुक्त हो जाता है अर्थात 'पुरुष', 'परमात्मा' बन जाता है। योग की यह आध्यात्मिक साधन सिद्धावस्था तक तभी पहुँचाती है जब शरीर और मन भी पूर्णतः नियंत्रित और संयमित होते हैं। नियम, आसन और प्राणायाम द्वारा शरीर नियंत्रित होकर पूर्णतः स्वस्थ एवं रोगों का प्रतिरोध करने में सक्षम हो जाता है। यम, प्रत्याहार और धारणा द्वारा मानसिक शुद्धि शान्ति और सन्तुलन की उपलब्धि होती है जिससे चिन्ता, भय, शंका, क्रोध, अमर्श, ईर्ष्या, अभिमान, काम, आसक्ति आदि मानसिक विकार दूर होते हैं। इन्हीं मानसिक विकारों के कारण अनेक मानसिक और शारीरिक रोग उत्पन्न होते हैं। इनके दूर हो जाने पर बीमारियाँ भी दूर हो जाती हैं। यह बात मनोचिकित्सा विज्ञान से प्रमाणित है। धारणा, ध्यान और समाधि आध्यात्मिक क्रियाऐं हैं, जो अभी तक विज्ञान के क्षेत्र के बाहर की बातें मानी जाती हैं।

विज्ञान की नवीन उपलब्धियाँ यह सिद्ध करती जा रही हैं कि विज्ञान और आध्यात्म दोनों का अन्तिम लक्ष्य एक ही है। आध्यात्मविद्या रहस्यमय और कार्य कारण परम्परा से रहित विद्या नहीं है क्योंकि उसकी अनुभूतियाँ मानव को होती हैं। विज्ञान जिन सूक्ष्मातिसूक्ष्म अणु–परमाणुओं को वैज्ञानिक यन्त्रों की सहायता से जानता है, उनको और उनसे भी सूक्ष्म चैतन्य को योगी और ज्ञानीजन साधना द्वारा बूँद के हजारवें और लाखवें भाग या अंश

में असीम शक्ति की खोज कर असाध्य रोगों को दूर करने में सफलता प्राप्त कर रही है। इस तरह योग–साधना और होमियोपैथिक चिकित्सा की साधना की पद्धतियों में अधिक साम्य है। चिकित्सा विज्ञान की तरह गणित, रसायन और भौतिक विज्ञान इत्यादि भी उत्तरोत्तर सूक्ष्म की गहनता में प्रवेश करते जा रहे हैं। जिस दिन विज्ञान सूक्ष्मतम तत्व या परमतत्व को प्राप्त कर लेगा उस दिन 'अणोरणीयान महतो महीयान' की आध्यात्मिक धारणा वैज्ञानिक सत्य के रूप में परिणित हो जाएगी।

'जनवार्ता' (वाराणसी), 8 जनवरी 1980

योग का स्वरूप और क्षेत्र

आज से ही नहीं वरन शताब्दियों पहले से ही मनुष्य सुख और शांति खोजता रहा है। मानव इतिहास बताता है कि पूरे विश्व मनुष्य ने जो कुछ भी चिन्तन और मनन किया है, या कार्य रूप में प्रयास किया है वह इसी सुख और शान्ति पाने की पिपासा से शुरू होकर अनेकानेक शास्त्रों और पद्धतियों के रूप में विकसित हुआ है। धर्म, दर्शन, भक्ति, विज्ञान, योग, तन्त्र इत्यादि अनेक दिशाओं और विधाओं की ओर जाते-जाते आज वह इस स्थिति में पहुँच गया है कि वह एक दूसरे का विरोधी हो गया। सभी ने कुछ न कुछ दिया है और सभी की अपनी-अपनी सीमायें हैं। इनके अन्तर्द्वन्द्व ने बड़ा विवाद और उलझन पैदा किया, झगड़े और युद्धों को जन्म दिया, और सुख और शान्ति का प्रयास अशान्ति और तनाव के रूप में फलित हुआ। इस उधेड़बुन से परेशान होकर मानव मानस ने कुछ ऐसा प्रयास किया है जो सर्वमान्य हो और निर्विवाद हो। इस रूप में आधुनिक समय में विज्ञान ने लोगों को बहुत प्रभावित किया और निःसन्देह उसने हमारे जीवन को भौतिक सुख-सुविधा से भर दिया है।

विज्ञान ने मनुष्य को इतना प्रभावित किया है कि वह परम प्रमाण हो गया है। जिस विषय को विज्ञान सही कह दे फिर उसके सत्य हेने में किसी कोई शंका नहीं रह जाती। यह होने पर भी विज्ञान मनुष्य को मानसिक सुख और शान्ति नहीं दे सका है।

आम आदमी और अशान्त हुआ है और तनाव से भर गया है। विज्ञान के पहले और कुछ हद तक आज भी धर्म दूसरा रास्ता बना जो मनुष्य को प्रभावित करता रहा है वह धर्म है।। आज वह लोप होता जा रहा है, कुछ तो विज्ञान ने उसकी मान्यताओं और मूल्यों को तोड़ा और कुछ धर्मों के आज के स्वरूप, आडम्बर और विकार आ गया जिससे वह जन मानस से हट्ता प्रतीत होता है। ऐसे समय में योग ही एक ऐसा मार्ग है जो विज्ञान और धर्म के बीच एक समन्वय के रूप में दिखाता है।

तत्कालीन मनोविज्ञान, रसायन विज्ञान और भौतिक विज्ञान के अनुसन्धानों ने वैज्ञानिकों का भी ध्यान योग की तरफ खींचा है। रिलेटिविटी का सिद्धान्त, कास्मिक शरीर की खोज, और जितना कुछ दृश्य जगत है वह एक ही ऊर्जा से बना है, ऐसे उपलब्धियाँ हैं जो विज्ञान को भौतिक जगत, जीवन चेतना और मन जैसे विषयों पर पुनर्विचार के लिए बाध्य कर रहा है।

योग क्या है? किन-किन सिद्धान्तों और मान्यताओं को लेकर बना है? इसका उद्देश्य क्या है? योग का शाब्दिक अर्थ तो अनेक है लेकिन इसके दो मूल अर्थ कहे जा सकते हैं। एक अर्थ जोड़ना है, किसी दो अनेक पदार्थों के जोड़ को योग कह सकते हैं, दूसरा अर्थ है प्रयास। किसी भी कार्य को करने के कौशल को योग कहा जाता है। यहाँ कृष्ण की दी हुई परिभाषा उद्घृत की जा सकती है।- "योगः कर्मशु कौशलम्"। योग लक्षण बताते हुए पतंजलि ने योग सूत्र में कहा है "योगश्चित्ति वृतिनिरोधः" योग शास्त्र दोनों अर्थों को एक साथ अपनाता है।

इस तरह योग आत्मा को परमतत्व में मिलाने के लिए चित्त की वृत्तियों को चंचल होने से रोक कर प्रबल एकाग्रता को प्राप्त करने का प्रयास है। इस परिभाषा में आत्म-तत्व और परम तत्व जैसे शब्दों का भी प्रयोग है और यही विज्ञान और धर्म या आध्यात्म में मुख्य विरोध है। विज्ञान सिर्फ भौतिक रूप को ही मानता है। लौकिक पदार्थों का ही अस्तित्व स्वीकार करता है,

अलौकिक कुछ भी नहीं है यह उसकी मान्यता है। यह शरीर और चेतना को स्वीकार करता है, लेकिन चेतना को अलौकिक न मानकर शरीर को या शारीरिक रसायनिक क्रियाओं का गुण मानता है। आध्यात्म, शरीर और चेतना को अलग-अलग तत्व मानता है, वह चेतना को कार्य; कारण और काल से परे की वस्तु मानता है।

योग इस विवाद में न पड़कर भौतिक पदार्थ यानी शरीर से ही शुरू करता है, और उसकी मान्यता है कि शरीर को शुद्ध और विकसित करके ऐसे विवेक को पैदा किया जा सकता है जो जीवन के कार्य-कलापों को शुद्ध और पवित्र करते हुए अपने आप आत्म तत्व को प्राप्त कर लेगा। इस तरह यह स्पष्टतः देखा जा सकता है कि आत्म तत्व पर विश्वास न करने वाले भी योग के द्वारा शारीरिक और मानसिक स्वस्थता, जीवन्तता, शक्ति सम्पन्नता को प्राप्त कर जीवन को ज्यादा सुखी और शान्त बना सकते हैं।

यही कारण है कि योग आज सभी धर्मों, सम्प्रदायों, जातियों और वर्ग के भेदभाव को छोड़ता हुआ विश्व भर में लोकप्रिय हुआ है। आज यूरोप और अमेरिका में हजारों लोग यह मानते हैं कि इस पद्धति से साधारण गृहस्थ भी अपने जीवन के नित्य कर्मों को करते हुए भी इससे लाभ उठा सकता है। यह दूसरी बात है कि इससे विशेष लाभ उठाने के लिए योग को उसके शुद्ध और पूर्ण रूप में अपनाना पड़ेगा क्योंकि अपने पूर्ण और शुद्ध रूप में योग ऊपर उठकर आध्यात्म को छूता है और मनुष्य को परम सत्य, शान्ति और आनन्द की अनुभूति कराता है।

योग कहता है, भगवान है या नहीं, स्वर्ग नरक है या नहीं, इस पर शंका हो सकती है, लेकिन मैं हूँ, मनुष्य है इस पर तो किसी को सन्देह नहीं हो सकता। वैसे ही हमारे चारों तरफ एक वातावरण है, जिसे यौगिक भाषा में पुरूष और प्रकृति कहते हैं। यह भी निर्विवाद सत्य है कि मेरे चारों तरफ जो प्रकृति है उसका प्रभाव प्रतिक्षण मुझ पर पड़ रहा है, जिसके चलते अनेक प्रकार की

प्रतिक्रियाओं ; जैसे रोग, क्रोध, भय, चिन्ता, खुशी, सुख इत्यादि से होकर गुजरना पड़ रहा है। इनमें जो पीड़ादायक हैं उनसे छुटकारा पाना सभी चाहते हैं। योग की मान्यता है कि सभी दुःखों का उद्‌भव दो कारणों से होता है। पहला कारण है विजातीय द्रव्यों और विचारों का संसर्ग और दूसरा कारण है शक्ति की कमी।

विजातीय यानी अपने से भिन्न के ज्ञान के लिए पहले अपने को जानना होगा। यदि थोड़ी सी अन्तर्दृष्टि से देखा जाये तो जीवन के दो पहलू दिखाई देते हैं। प्रथम है अस्तित्व या होना (वीइंग) और दूसरा करना (डुइंग)। हमारा होना हमारा स्वभाव है, यह सर्वदा हमारे साथ है। होने के लिए हमें कुछ करना नहीं पड़ता। हम तो हैं ही। ऐसानहीं है कि अस्तित्व हमसे अलग हमारी सम्पत्ति है। हम स्वयं अस्तित्व हैं लेकिन करना उपलब्धि है, हम जो कुछ भी करते हैं वह पहले से हो रहा हो ऐसी बात नहीं है, हम चाहें तो करें न चाहें तो न करें। हमें अस्तित्व बनाये रखने के लिए बहुत से काम करने पड़ते हैं और ये कार्य ही हमको इस तरह बांध लेते हैं कि हमें अपना बोध भूल जाता है। इन कार्य कलापों का हमारे चारों तरफ एक वृत्त बन जाता है और उसके वृत्त के परिधि के भीतर ही हम जीते हैं। मैं उससे भिन्न हूँ मैं वह परिधि नहीं हूँ उसके केन्द्र में हूँ। इस विलगाव को इस तरह भी समझा जाता है कि मुझमें और मुझसे भिन्न, मुझसे बाहर जो है उसमें एक बुनियादी फर्क है। मेरे होने में कोई कभी परिवर्तन नहीं होता। वह जैसा जीवन के प्रारम्भ में रहता है वैसा ही मृत्यु तक बना रहता है। जो मुझसे बाहर है वह प्रतिक्षण बदलता रहता है। शरीर, मन, बुद्धि, विचार, कार्य, वातावरण सभी परिवर्तनशील हैं। लेकिन मेरा अस्तित्व सर्वदा एक है। अस्तित्व छोटा था जब मैं बूढ़ा हो गया तो वह बड़ा या बूढ़ा हो गया ऐसा नहीं होता। वह सर्वदा एक भाव अपरिवर्तित बना हुआ है। इस तरह कहा जा सकता है कि मैं शरीर और मन नहीं हूँ और जो कार्य करता हूँ वह कार्य भी नहीं हूँ। शरीर और कार्य बदलकर दूसरे हो जाते हैं, निरन्तर हो रहे हैं फिर भी मैं वही रहता हूँ।

इस तरह हमसे जो भिन्न है वह विजातीय है और योग की मान्यता है कि उसी के संसर्ग से दुःख होता है। अब प्रश्न है कि इससे छुट्कारा कैसे मिले। योग बताता है कि मन ही शरीर और चेतना को जोड़ने वाला सेतु है अगर वह बस में हो जाय तो शरीर और कार्यों पर नियंत्रण हो सकता है। लेकिन उसे बस में करने के लिए हठ या जबरदस्ती नहीं की जा सकती है, यानी उसके परे जाया जा सकता है।

मन बड़ी गहरी समस्या है और यह स्वभावतः ही चंचल है। जानने वाले इसकी चार परत बताते हैं। पहली परत जहाँ शब्द है, उसे 'बेखरी' कहते हैं, शब्द जहाँ बनते हैं, जहाँ विचार के रूप में रहते हैं वह दूसरा तत्व है उसे 'मध्यमा' कहते हैं, आज का मनोविज्ञान इन्हीं दो तत्वों तक पहुँच सका है लेकिन योग इससे भी नीचे जो तल तक जाता है उसे 'पश्यन्ति' कहते हैं। पहला तल बोलने का शब्दों का दूसरा सोचने का और इस तीसरे तल पर विचार दिखायी पड़ते हैं, सुनायी नहीं पड़ते। हमारे बड़े विचारकों ने इसी तल पर जाकर बहुत से ग्रन्थों को यानी ज्ञान को पाया है। ईसा मसीह कहते हैं कि मैंने बाइबिल पाया, मुहम्मद साहब कहते हैं कि मैंने कुरान देखा, हमारे यहाँ के ऋषियों ने भी वेदों को पाया, ये सब उपलब्धियाँ इस तीसरे तल की ही हैं। लेकिन मन का एक चौथा तल भी है जिसे परा कहते हैं। यहाँ विचार दिखायी भी नहीं पड़ते, सुनाई भी नहीं पड़ते और जब कोई देखने और सुनने के नीचे उतर जाता है तब वह मन पार कर जाता है और वहाँ उसे आत्मा का भास होता है। यहाँ तक की अन्तर्यात्रा के लिए शरीर और विवेक को बड़ी शक्ति की आवश्यकता पड़ती है।

साधरणतः मनुष्य में इतनी ही शक्ति होती है जिससे वह किसी प्रकार अपने अस्तित्व को कुछ समय तक कायम रख पाता है। लेकिन यहाँ भी योग की मान्यता है कि सभी मनुष्यों में समान रूप से अपरमित शक्ति की सम्भावनायें बनी हैं, हमारे भीतर चेतना के अनेक केन्द्र हैं जो सुप्तावस्था में हैं, निष्क्रिय हैं और उनको जगाया जा सकता है। जिस मनुष्य में जितने ज्यादा केन्द्र

जागृत होते हैं वह उतना ही बुद्धिमान और सामर्थ्यवान होता है। इनको जगाने के लिए अनेक पद्धतियाँ खोजी गयी हैं। इनमें योग ही सबसे आगे है। सीधे सादे शब्दों में चेतना के केन्द्रों को जगाने के लिए उन पर दबाव डालना या उन्हें धक्का देना आवश्यक है। योग ने इसके लिए श्वांस और आसनों को अपना साधन बनाया है।

जब भी कोई केन्द्र इस तरह जागृत किया जाता है उससे शक्ति का बहुत बड़ा पुंज निकलता है और अगर उसे नियन्त्रित न किया जा सका तो वह लाभ के बदले शरीर को नुकसान भी कर सकता है। इसलिए योग ने शरीर शुद्धि को साधना का प्रथम चरण माना है। जब तक शरीर शक्ति को ग्रहण करने योग्य नहीं बन जाता तब तक उन केन्द्रों को जागृत करना निरापद नहीं है। इसलिए सर्वप्रथम योग की क्रियाओं को करने के पहले षठ्कर्म को जानना अति आवश्यक है जो धोति, नेती, बस्ती, त्राटक नौली तथा कपालभाती है। लेकिन इसे किसी जानकार गुरू के संरक्षण में ही करने का आदेश दिया गया है।

सन्मार्ग' (वाराणसी), 18 नवम्बर, 1979

कैन्सर से बचने के उपाय

कैंसर कोई सांघातिक रोग नहीं है। रोग की अपेक्षा इसके इलाज में विलम्ब, डर और अज्ञानता से कहीं अधिक मृत्यु की घटनायें होती हैं। विश्व के विभिन्न चिकित्सा केन्द्रों से प्राप्त आंकड़ों से पता चलता है कि उपचार के आधुनिक तरीकों की सहायता से प्रत्येक दस कैंसर रोगी में तीन से चार रोगी को इलाज द्वारा ठीक किया जा सकता है। विश्व में प्रति वर्ष कैंसर के नये मामले का औसत 60 लाख है।

पाँचवी पंचवर्षीय योजना में कैंसर के लिए 3 करोड़ रूपये की व्यवस्था की गयी है। इनमें से 2 करोड़ रूपये चार केन्द्रों के विकास पर खर्च किये जायेंगे और एक करोड़ को वाल्ट ईकाई प्राप्त करने के लिए है। इस योजना में कुल निर्धारित राशि में 2-15

करोड़ रूपये योजनाओं के अन्तिम दो वर्षों 1977–78 और 1978–79 में व्यय किये जाने की योजना है।

कैंसर की उत्पत्ति

1975 में विश्व के तीन वैज्ञानिकों डाक्टर वाल्टिमार, डा0 डल्वेको और टैमिनने संयुक्त रूप से शोध कर वायरस द्वारा कैंसर रोग की उत्पत्ति की बात बताई थी। नोबेल पुरस्कार भी इन लोगों को इसी पर मिला था। इन तीनों वैज्ञानिकों ने बतलाया कि वायरस जब किसी जीवित कोश (सेल) को रोगग्रस्त करता है तो कुछ समय पश्चात वह कोश में कहीं दिखाई नहीं पड़ता। इस स्थिति में उक्त वायरस के जोन सम्बन्धित कोश के जोन के साथ, रिवर्सट्रांसक्रिप्टेक नामक एन्जाइम की उपस्थिति में दृढ़ सम्बन्ध स्थापित कर लेता है तथा कैंसर का प्रसार रोगों की सन्ततियों में भी करता है।

कुछ विद्वानों के अनुसार कैंसर के मामलों में चार या पांच मामले मनुष्य के आस–पास के वातावरण में मौजूद नशीलें पदार्थो द्वारा पैदा होता है। इनमें ठीक कोशिका धीरे–धीरे रासायनिक सम्मिश्रणों (कैरसीनोजीन्स) केरसी जैविक (कैंसर उत्पादक) जीवाणुओं और आयनीकरण विकिरण के प्रभाव से दोषयुक्त हो जाती है।

कैन्सर की चेतावनी देने वाले लक्षण

1. स्तनाग्र अथवा स्तन का संकुचित हो जाना तथा स्तनों या शरीर के किसी भाग में मांस की गांठ या लोथड़ा का होना, जो पीड़ा रहित हो।
2. शरीर के किसी द्वार से अधिक रक्त प्रवाह होना।
3. एक घाव जो शीघ्र ठीक नहीं हो जाता है खास तौर से मुँह का।
4. लगातार चलने वाली भारी आवाज।

5. यदि निरन्तर खांसी या गला खराब रहता हो और निगलने में कठिनाई हो।

6. शौच जाने की सामान्य आदतों में परिवर्तन।

7. किसी तिल या मसे के आकार में परिवर्तन।

8. यदि वजन कम होता जा रहा हो और बदहजमी की शिकायत रहती हो।

9. मासिक धर्म समाप्त होने की आयु के बाद यदि कभी खून आने लगे।

10. बूढ़ी महिलाओं की योनि में पीड़ा का रहना।

11. गर्भाशय के मुँह का अविस्फोटित कैंसर जिसका प्राथमिक लक्षण श्वेतप्रदर तथा सहवास के उपरोक्त कपड़ों में खून के दाग लग जाना साथ ही मासिक धर्म के पूर्व पेट में दर्द होना।

कैंसर होने के कारण–

कैंसर किन कारणों से होता है इस पर सभी विद्वानों का एक मत नहीं है, यहाँ पर मैं कुछ विचारों को दे रहा हूँ।

क्लिनिकल बायोलोजी के स्पेशलिस्ट डा० पैटर्स और ब्रूसेल्स कैंब्रिज विश्वविद्यालय के ह्युमन ज्योग्राफी के प्रोफेसर श्रीमती मरहसल्ट ने एक नई साइन्स का इजाद किया है जिसका नाम जिवोकैंसरोलोजी रखा है, जो पूरे विश्व में इस रोग की घटनाओं पर विचार करता है। उन्होंने पता लगाया कि कैंसर का रेट जीवन तौर–तरीकों, रीति–रिवाज और भोजन के हिसाब से बदल जाता है। इसके ऊपर मौसम का कोई खास असर नहीं पड़ता है। ज्यादा कैंसर घनी आबादी वाले जगहों में होता है। धातुओं जैसे मैग्नीशियम, लेड, जिंक और तांबा का भी असर पड़ता है।

कभी –कभी किसी खास आदत के कारण भी कैंसर होता है जैसे इस्कीमोज को पेट का कैंसर इसलिए होता है कि उनको हमेशा गर्म चीज पीने की आदत है।

वर्षों तक रोज धूम्रपान द्वारा फेफड़ो पर प्रभाव, हवा में मिले धूल के कणों, दूषित भोजन और नशीली वस्तुओं के सेवन से भी जिगर या पेट का कैंसर होता है।

त्वचा को बगैर ढके हुए और अल्ट्रावायलेट किरणों से न बचा कर घन्टों धूप में चलने या काम करते रहना, किरणों के उपकरणों के विकिरण होने वाली तरंगों के सामने रहने से भी कैंसर होने की सम्भावना होती है।

खाद्य पदार्थों में मिलावट होने तथा वायु और जल के प्रदूषण से कैंसर रोग से लोग आक्रांत होते हैं। इसलिए घनी आबादी वाले क्षेत्रों में ज्यादा कैंसर पाया जाता है। वेल्जियम के दो डाक्टरों डा0 एमिल गेस्टोन और डा0 ऐला भरह सेल्टने विश्व स्तर पर सर्वेक्षण करके यूनेस्को को रिपोर्ट दी जिसमें बताया गया कि दुनिया में हूंजा (जो पकिस्तान के कश्मीर में है) ही ऐसी जगह है जहाँ कैंसर नहीं है। इसका कारण एकमात्र यही है कि उनके दैनिक जीवन में किसी भी प्रकार का तनाव नहीं है, बहुत कम शराब पीते हैं, उनका नित्य का भोजन विटामिन युक्त है और काफी अच्छा है।

गटापार्चा और प्लास्टिक की चीजों को कैंसर पैदा करने का माध्यम बतलाया जाता है। डा0 हिगिन्सन नामक कैंसर के शोधकर्ता का कहना है कि प्लास्टिक आज भी बहुत खतरनाक चीज है। अगर कोई व्यक्ति प्रतिदिन तीन सिगरेट पीये तो उसे कैंसर होने की जितनी आशंका रहेगी उतनी ही प्लास्टिक उद्योग में आने वाली बीनिल क्लोराइड नामक तत्व के सम्पर्क में आने से रहेगी।

परमाणविक धुंए से कैंसर का उतना खतरा नहीं है, जितना आमतौर पर चलाये जा रहे तापीय विद्युत कारखानों में जलने वाले कोयले के धुंए से है।

कैलीफोर्निया के प्रोफेसर बी0एस0एम0 ने चेतावनी दी है कि जो लोग निरन्तर बाल काला करने का प्रयत्न करते हैं उन्हें कैंसर होने की संभावना अधिक है। इसे होने में 17 से 20 वर्ष तक लग सकते हैं, उनमें एक ऐसा रासायनिक तत्व रहता है जिससे कैंसर होने की संभावना अधिक रहती है। जब हेयर ड्राई लगायी जाती है, उसका एक प्रतिशत भाग खोपड़ी की त्वचा से समा जाता है, और निरन्तर प्रयोग से यह तत्व मूत्र में मिल जाता है और शरीर के किसी भी भाग में ट्यूमर हो सकता है। यह बात तो सिद्ध हो चुकी है कि हेयर डाई आदि लगाने वाले व्यक्तियों की सन्तान पर इसका प्रभाव अवश्य पड़ता है। प्रो0 ए0एस0 ने हेयर डाई में प्रयोग किये जाने वाले हाइड्रोजन पैरोक्साइड रासायनिक तत्व के 196 परीक्षण किये, जिनमें से 150 परीक्षण (86 प्रतिशत) से यह सिद्ध हुआ कि इस तत्व का शरीर पर बुरा प्रभाव पड़ता है।

पश्चिमी देशों में बृहदान्त्र कैंसर फैलने का कारण वहाँ के भोज्य पदार्थों में रेशों की कमी बताया गया है। अमेरिका में फेफड़े के कैंसर के बाद बृहदान्त्र कैन्सर का ही नम्बर आता है, वहां भी इसका कारण भोजन में रेशे की कमी बताया जाता है। कैंसर अफ्रीका के गाँवों में बहुत कम होता है क्योंकि वहाँ लोग मोटा अनाज खाते हैं। साइन्स रिपोर्टर में प्रकाशित एक लेख के अनुसार बीस से अधिक फलों और सब्जियों के अध्ययन से पता चला है कि आम में सबसे अधिक रूक्षांस का रेशा होता है। आम के अलावा गाजर, सेब, बैंगन, मटर, प्याज, बन्दगोभी, सन्तरा, नाशपाती, हरा सेम, सलाद, ककड़ी, टमाटर, फूलगोभी, केवला, आलू और शलजम में भी रेशे पाये जाते हैं।

आजकल बहुत सी महिलायें अपने स्तनों को बड़ा करने के लिए प्लास्टिक सर्जरी का सहारा लेती हैं। एक डाक्टरी सर्वे से पता चलता है कि भारत में भी प्रति वर्ष 25 हजार ब्रेस्ट की सर्जरी किया जाता है। यह तरीका भी खतरे से खाली नहीं है। इससे छाती का कैंसर हो सकता है। विशेषज्ञों का मत है कि चार मुख्य कारणों से छाती का कैंसर हो सकता है। पहला गर्भपात कराने से दूसरा

बच्चों को स्तनपान न कराने से और तीसरा कसी हुई चोलियों के हमेशा इस्तेमाल करने से तथा सेस्ट्रोजेन टिकिया के अधिक सेवन से।

चिकित्सा

करीब–करीब सभी पैथ के डाक्टरों का कहना है कि कैन्सर का अगर प्रारम्भ में ही इलाज समुचित ढंग से हो जाय तो ठीक हो जाता है। केन्द्रीय भारतीय औषधि पौध संगठन बैंगलुरु के क्षेत्रीय अनुसंधान केन्द्र के प्रबन्धक श्री एम0एन0ए0 खान ने अगस्त 1976 में बताया कि सदा बहार पौधा जिसे बारह मासी भी कहा जाता है ल्यूकेमिया और अन्य कैंसर रोगों की चिकित्सा के लिए उपयुक्त है। अगस्त 1976 में टोकियो की एक रिपोर्ट में कहा गया कि डा0 हिसासी फुरू जो टोकियो कैंसर इन्स्टीट्यूट हास्पिटल के है एक नया ड्रग एनलासिनोमइसिन ए निकाला है जिसमें कोई भी साइड इफेक्ट नहीं होता है जबकि 1974 में इटली में एक दवा एड्रीयामाइसिन निकली थी लेकिन उसमें साइड इफेक्ट में बाल झड़ना, दिल कमजोर होना और खून में सफेद कारपसल्सस का कम होना था। होमियोपैथिक चिकित्सकों द्वारा भी काफी रोगियों को प्रथमावस्था में ठीक करने की सूचनाएं प्राप्त होती रहती हैं।

जब तक कैन्सर अविस्गोटि तब तक उसका इलाज कोई विशेष खतरनाक नहीं होता है। शल्य क्रिया द्वारा पूरा उसे निकाल देने में खतरनाक नहीं होता है। शल्य क्रिया द्वारा उसे पूरा निकाल देने पर कोई शंका और व्यथा नहीं रह जाती।

संसार के वैज्ञानिक और चिकित्सा शास्त्री आजकल इस प्रयास में लगे हुए हैं कि कैंसर रोग की रोकथाम और सफल चिकित्सा के उपाय हाथ में लग जायं। साथ ही बाकी जनता को चाहिए कि वह खानपान और दिनचर्या के प्राकृतिक और स्वास्थ्य रक्षक नियमों का पालन करे तो कैंसर की आशंका कम हो जाती है।

सन्मार्ग' (वाराणसी), 25 मार्च 1979

होम्योपैथी चिकित्सा पद्धति

होम्योपैथी का नाम जिस व्यक्ति से जुड़ा हुआ है और जिसने अठारहवीं और उन्नीसवीं सदी में यूरोप के चिकित्सा जगत में युगान्तर उपस्थित कर दिया था उस व्यक्ति का नाम है फ्रेण्डरीक सैमुयल हैनिमैन जिनकी जयन्ती 10 अप्रैल को पूरे विश्व के होम्योपैथ गण मनाते हैं। डाक्टर हैनिमैन का जन्म सन् 1755 की 10 अप्रैल को जर्मन साम्राज्य के अन्तर्गत सैक्सनी प्रदेश के माइसन नामक एक छोटे से गाँव में हुआ था। वे महान विद्वान एलोपैथिक चिकित्सक थे। डा0 हैनिमैन 24 वर्ष की आयु में एम0डी0 की सर्वोच्च डिग्री प्राप्त की थी। उनकी साहित्य के प्रति भी कम अभिरूचि नहीं थी। वे अल्प आयु में ही यूरोप की अनेक भाषाओं के विद्वान बन गये थे। चिकित्सा कार्य का परित्याग करनेके बाद वे चिकित्सा सम्बन्धी किताबों का अनुवाद कार्य करने लगे। एक पुस्तक का अनुवाद करते समय ही एक लेखक के विचार और अनुभव ने उन्हें दवा का प्रयोग और परीक्षण अपने शरीर पर ही करने को प्रेरित किया। अब तक रोगी की किसी विशेष अवस्था में किसी विशेष दवा का प्रयोग तो होता था पर उसकी आरोग्य किया के सम्बन्ध में कोई निश्चित जानकारी किसी को भी नहीं थी। क्विनाइन (कुनैन) का अपने शरीर पर प्रयोग और परीक्षण करने में डाक्टर हैनिमैन को कम्प ज्वर हो गया जिससे उन्हें दवाओं के आरोग्य के सम्बन्ध में विशेष ज्ञान तथा आरोग्य क्रिया

के रहस्य की कुंजी भी प्राप्त हो गयी। उन्होंने सर्वप्रथम इस अकाट्य सत्य को उजागर किया कि क्विनाइन (कुनैन) मलेरिया ज्वर को इसलिए दूर करता है कि उसमें स्वस्थ शरीर में भी मलेरिया ज्वर पैदा करने की क्षमता है। अपने ही शरीर पर अनेकानेक प्राणलेवा दवाओं का प्रयोग और परीक्षण करके उन्होंने यह सिद्ध कर दिया कि जो दवा स्वस्थ शरीर में जैसा लक्षण पैदा कर सकती है किसी रोगी के उसी प्रकार के लक्षण वाले भयंकर से भयंकर रोगों को दूर करने की क्षमता उसी दवा में अवश्य है।

डा0 हैनिमैन के एक शिष्य डा0 बर्जर महाराज रणजीत सिंह के इलाज के लिए भारत आये थे। उन्होंने महाराजा रणजीत के शोथ रोग को दूर करके उन्हें आरोग्य प्रदान किया और उनके व्यक्तिगत चिकित्सक के रूप में वे पंजाब में बस गये।

महाराजा रणजीत सिंह के देहान्त के बाद वे पंजाब छोड़कर कलकत्ते चले आये और कोलकाता में उन्होंने 1860 ई0 तक चिकित्सा कार्य किया। उन दिनों बंगाल में 'कालरा' बड़े जोरों से फैला करता था पर अपनी चिकित्सा सम्बन्धी दक्षता से उन्होंने होमियोपैथिक चिकित्सा के द्वारा अधिकांश रोगियों की प्राण रक्षा की जिससे उन्हें कालरा डाक्टर के नाम से ख्याति मिल गयी। इसी अवधि में अनेकानेक चिकित्सक उनके प्रभाव क्षेत्र में आये और होमियोपैथिक चिकित्सा प्रारम्भ की। बाद में डा0 यूनान और डा0 महेन्द्र लाल सरकार जैसे अनुभवी और सर्वोच्च डिग्री धारी एलोपैथिक चिकित्सकों ने एलोपैथिक चिकित्सा पद्धति का परित्याग करके होमियोपैथ बन गये और होमियोपैथिक चिकित्सा की सफलता का डंका बजा दिया।

आज समस्त भारत में लगभग दो लाख से ज्यादा निबन्धित होमियोपैथ चिकित्सक कार्य में संलग्न हैं। 102 होमियोपैथिक मेडिकल कालेजों से लगभग पांच हजार से अधिक छात्र प्रतिवर्ष परीक्षा में उत्तीर्ण होकर चिकित्सा क्षेत्र में प्रवेश कर रहे हैं। सन् 1973 में ही लोकसभा ने होमियोपैथिक सेन्ट्रल काउंसिल एक्ट

पास किया और 1974 में काउंसिल का गठन भी हो गया है। इस काउंसिल ने होमियोपैथिक दर्शन के आधार पर होमियोपैथिक शिक्षा की एक रूपता के लिए आवश्यक कदम उठाये हैं। 1975 में कोलकाता में राष्ट्रीय होमियोपैथिक संस्थान की स्थापना हुई जो स्नातक एवं स्नातकोत्तर होमियो शिक्षा की व्यवस्था करेगी। डिग्री कोर्स की भी पढ़ाई प्रारम्भ हो चुकी है और विगत वर्ष से ही होमियोपैथिक राष्ट्रीय संस्थान होमियोपैथिक प्राध्यापकों के प्रशिक्षण की व्यवस्था कर रहा है जिसका विकास, विस्तार एवं प्रसार अत्यन्त अपेक्षित है। केन्द्रीय सरकार ने होमियोपैथिक फार्माकोपिया समिति तथा विभिन्न अनुसन्धान केन्द्र स्थापित किया है जो विभिन्न असाध्य रोगों से आरोग्य के लिए अनुसन्धान कार्य में संलग्न हैं, जिसकी उपलब्धियों से निरन्तर होमियोपैथ चिकित्सकों को अवगत कराने की नितान्त आवश्यकता है। बिहार राज्य में भी होमियोपैथिक महाविद्यालयों के स्तर को उन्नत करने के लिए बिहार विश्वविद्यालय ने भी एक विशेष नियम स्वीकृत किया है और उसने मुजफ्फरपुर स्थित होमियोपैथिक कालेज के सरकारीकरण का निर्णय किया है। इस सम्बन्ध में स्वास्थ्य मंत्री बिहार सरकार एवं उपकुलपति तथा विशेष पदाधिकारी बिहार विश्वविद्यालय का कार्य अत्यन्त सराहनीय है। आशा है वे निकट भविष्य में उत्तर प्रदेश सरकार की ही भांति बिहार राज्य में सभी समक्ष होमियोपैथिक महाविद्यालयों का भी शीघ्र सरकारीकरण का निर्णय अवश्य करेंगे जिससे सर्व सुलभ वैज्ञानिकी होमियोपैथिक चिकित्सा पद्धति की आरोग्यदायिनी शक्ति का लाभ अधिकाधिक दुःखित एवं रोग पीड़ित जनों को हो सके।

'आज', 10 अप्रैल 1979

बच्चों का भोजन

हमारे बालक हमारे देश की धरोहर हैं। यदि देश को समृद्धिवान और बलशाली बनाना है तो बच्चों को बलवान बनाना होगा। इसके लिए उचित आहार की कितनी जरूरत है, यह सर्वविदित है। हमारे देश में अगर एक हजार बच्चों का जन्म होता है तो उनमें से 162 बच्चे एक साल की उमर पर पहुँचने के पहले ही मर जाते हैं। ऐसे कितने माता-पिता हैं जिन्हें इस बात का ज्ञान है कि उनके बच्चे का भोजन कैसा होना चाहिए।

आपको यह जानकर आश्चर्य होगा कि नन्हें से शिशु को अपने शरीर के वजन के अनुपात से वयस्क मनुष्य की अपेक्षा तीन गुनी शक्ति की जरूरत है। उसकी इस अधिक आवश्यकता का कारण शरीर की तेजी से होने वाली वृद्धि है। जब बच्चा पैदा होता है उसका वजन लगभग 6-7 पाउंड होता है। 6 माह की अवस्था पर ही उसके शरीर का भार जन्म के समय से दुगुना और एक वर्ष वाद लगभग तीन गुना हो जाता है।

बालक की भोजन सम्बन्धी सभी आवश्यकताओं की समुचित पूर्ति के लिए यह जानना बहुत जरूरी है कि भोजन के मुख्य मूल अवयव क्या है और शरीर में किस लिए और किस अनुपात में जरूरी है। शरीर के मुख्य मूल अवयव **प्रोटीन, कार्बोज, वसा विटामिन, खनिज** और **जल** है। बच्चे के शरीर के लिए ये सभी आवश्यक है और भोजन में इनकी पर्याप्त मात्रा जरूरी है।

1. प्रोटीन

यह बच्चे की शरीर वृद्धि के लिए बहुत जरूरी है। इसकी कमी से यकृत सम्बन्धी गम्भीर रोग पैदा हो सकता है। दूध में प्रोटीन की पर्याप्त मात्रा होती है। बच्चों को अपने शरीर के प्रति किलो भार पर 100 ग्राम गाय का दूध अथवा 150 ग्राम माता का मिलना चाहिए। दूध के अलावा अण्डा भी अच्छा खाद्य पदार्थ है। बालक की उम्र 6–7 माह होने के बाद इनका इस्तेमाल शुरू किया जा सकता है। शुरू में अण्डे की जर्दी का थोड़ा सा भाग देना चाहिए।

2. कार्बोज

कार्बोज पदार्थ शरीर में आत्मीकृत होने के बाद शक्ति पैदा करते हैं। छोटे बच्चों की कार्बोज सम्बन्धी आवश्यकता मुख्यतः दो प्रकार की सरल शर्कराओं से पूरी होती है। 'दुग्धोज' जिसे अंग्रेजी में 'लैक्टोज' कहते हैं जो दूध में उपस्थित एक शर्करा होती है। दूसरी 'द्राक्षौज' (ग्लूकोज) जो गन्ने की शक्कर से मिलता है और दूध में ऊपर से डाला जाता है। यह आँतों में पहुँचकर 'द्राक्षोज में परिणत हो जाती है और उसी रूप में शरीर में काम आती है। बच्चों को इस तरह का आहार देना चाहिए जिससे आंतो में 'प्यूट्रिफैक्टिव बैक्टीरिया अधिक क्रियाशील न होने पावे। यह शर्करा की मात्रा कम होने के कारण होती है। इससे बच्चे का मल सख्त क्षारीय और बदबूदार होता है और शारीरिक वृद्धि रुक जाती है। माँ के दूध पर पलने वाले बालकों में तो इसका सवाल ही नहीं उठता क्योंकि स्त्री के दूध में शर्करा की मात्रा गाय के दूध से डेढ़ गुनी होती है। परन्तु गाय के दूध में शक्कर मिलाना जरूरी हो जाता है। दस भाग गाय के दूध में एक भाग शक्कर मिलानी चाहिए।

अगर शर्करा जरूरत से ज्यादा हो जायेगी, तो 'फर्मेन्टेटिव बैक्टीरिया' बहुत अधिक क्रियाशील हो जायेंगे और परिणामतः बच्चे को झागदार, अधिक अम्लीय और जलन पैदा करने वाले दस्त आने लगेंगे और जल्दी ही गुदा द्वार के आस–पास की त्वचा छिल जायेगी।

चावल, आलू, शकरकन्द, साबूदाना वगैरह खाद्य पदार्थों में 'स्टार्च' (जो कार्बोज वर्ग के अन्तर्गत अधिक जटिल अणु वाले पदार्थ हैं) बहुत अधिक मात्रा में होता है। इसे छठे माह के बाद बच्चों को पका हुआ गेहूँ का दलिया, अथवा उबला चावल, खीर वगैरह दिया जा सकता है।

हिन्दुओं के यहाँ प्राचीन काल से शिशुओं का ''अन्नप्राशन संस्कार'' छठे महीने की अवस्था में किया जाता है। इस समय उसे पहली बार चावल की खीर चटाई जाती है। स्वामी दयानन्द सरस्वती ने 'संस्कार विधि' में अन्न-प्राशन का विधान निम्न प्रकार से लिखा हैः-

''अन्न-प्राशन संस्कार तभी करें जब बालक की शक्ति अन्न पचाने योग्य होवे।''

इसमें आश्वलायन गृह्य सूत्र 1/16/1-3 का प्रमाण हैः-

शृठे मास्यन्नप्राशनम्।।1।।घृतोदनं तेजस्कामः।।2।।
दधि, मधु, घृत मिश्रितमन्नं प्राशयेत।।3।।

3. वसा

चर्बीयुक्त पदार्थ जैसे घी, मक्खन, तेल आदि को सामूहिक रूप से वसा कहते हैं। दूध से बच्चे को जितनी शक्ति मिलती है उसकी 50 प्रतिशत दूध में मौजूद घुलनशील विटामिनों की भी आवश्यकता होती है। इनमें से 'ए' और 'डी' तो छोटे बच्चों के लिए बहुत ही जरूरी है।

पेट में अधिक वसा पहुँचने पर हानिकर प्रभाव होता है। इसके साथ कुछ ऐसे अम्ल होते हैं जिन्हें ''फैटीऐसिड'' कहते हैं और वे बच्चों की अन्न-प्रणाली में अधिक मात्रा में पहुँचने पर अतिसार पैदा कर सकते हैं ये वसाम्ल गाय के दूध में स्त्री के दूध की अपेक्षा आठ गुने अधिक होते हैं। इसलिए बच्चों को अधिक क्रीम या तेल में तली हुई वस्तुऐं नहीं देनी चाहिए। वसा की अधिकता और प्रोटीन की कमी से बच्चों के यकृत बढ़ जाते हैं।

4. खनिज पदार्थ

बच्चों की समुचित शरीर वृद्धि तथा अच्छे स्वास्थ्य के लिए उनके आहार में आवश्यक खनिज पदार्थों की प्रचुर मात्रा जरूरी है। इनमें से कैलशियम, स्फुर तथा लौह विशेष रूप से उल्लेखनीय है।

कैलशियम– इसकी प्राप्ति के लिए सबसे अच्छा साधन दूध है। विटामिन 'डी' की कमी होने पर कैलशियम के कार्य में बाधा होती है और उसके शरीर की हड्डियाँ मुलायम होकर टेढ़ी–मेढ़ी हो जाती हैं। इसे 'अस्थिविकृति' रोग कहते हैं।

लौह– यह रक्तकणों में उपस्थित रंजित पदार्थ 'हीमोग्लोबिन' के निर्माण के लिए जरूरी है। गर्भावस्था में माँ के यकृत में पर्याप्त मात्रा में लौह आकर इकट्ठा हो जाता है जो बच्चे के पैदा होने के पांच माह तक काम करता है। इसलिए 5–6 माह बाद के भोजन में बच्चे को लौह–युक्त पदार्थ जैसेः चोकर, हरी साग–भाजी, पालक, बथुआ, चने का साग वगैरह का थोड़ा–थोड़ा पानी देना चाहिए।

1. जल

हमारे परिवारों में एक बहुत ही दूषित प्रथा है कि छोटे –छोटे बच्चों को जल नहीं देना चाहिए, जिसका कभी–कभी घातक परिणाम भी भोगना पड़ता है। बच्चे को जल की कमी से टट्टी सूखी, कब्ज, पेशाब गाढ़ा तथा पीला, बुखार भी हो जाता है।

विटामिन

बच्चे के शरीर की समुचित वृद्धि, पूर्ण शारीरिक और मानसिक विकास, सुदृढ़ अस्थि रचना वगैरह सभी आवश्यक बातों के लिए उनका होना बहुत जरूरी हैं, इनकी कमी से गम्भीर रोग हो जाते हैं। शिशु के लिए विटामिन 'ए', 'सी' और 'डी' ही विशेष आवश्यक है।

बच्चे के शरीर के लिए जल की दैनिक आवश्यकता उसके शारीरिक भार का 10 प्रतिशत पानी होता है, लेकिन शेष मात्रा की पूर्ति के लिए स्वच्छ, उबाला हुआ ठण्डा पानी देना चाहिए।

विटामिन	कमी से रोग का होना	उपलब्धि	अन्य
'ए'	शरीर की वृद्धि और विकास रूक जाता है, त्वचा सूखी और खुरदरी हो जाती है। बच्चे को रतौंधी हो जाती है। आँखे नष्ट हो जाती हैं।	पलक, सलाद, हरे शाक, गाजर, दूध, मक्खन, पनीर, अण्डा 'काड', हैलिबट और 'शार्क', लिवर आयल, मांस, टमाटर, केला, खजूर चुकन्दर आदि फल।	गरम किये जाने पर विटामिन नष्ट नहीं होता है।
'बी1'	मांस पेशियाँ निर्बल हो जाती हैं। झनझनाहट, सुनसुनी, सुन्न पड़ना, वगैरह लक्षण पैदा हो जाते हैं। पेट में जलोदर तथा विभिन्न अंगों में शोथ हो जाता है, कभी–कभी आकस्मिक मृत्यु हो जाती है। इस रोग को –बेरी–बेरी कहते हैं।	खमीर, छिलके सहित अनाज, दाल, दूध, अण्डा, मेवे, गुर्दा और मांस, आलू, गाजर, सेब, केला आदि फल।	विटामिन बी के अनेक प्रकार हैं मगर यहाँ केवल उन्हीं का वर्णन है जो बच्चों के लिए जरूरी है। 'बी1' को 'थायामिन अथवा 'एन्युरिन भी कहते हैं।
'बी2'	ओठों पर तथा मुँह के कोनों पर घाव पैदा हो जाता है। नाक के पास तथा गालों पर पपड़ी जमने लगती हैं। नेत्रों में विकार पैदा हो जाता है।	छिलके सहित अनाज, खमीर दूध, मांस, यकृत, अंडे, मछली तथा हरे शाक, टमाटर आदि ताजे फल।	इसका दूसरा नाम राइबोफ्लेविन या 'लैक्टोफ्लेविन है।
'बी7'	त्वचा में विकार उत्पन्न होता है। 'प्लाग्रा रोग हो जाता है। इस रोग में त्वचा, पाचन संस्थान और स्नायविक संस्थान में विकार पैदा हो जाते हैं।	खमीर छिलके सहित अनाज, ताजे फल और शाक, दूध, अंडे तथा यकृत (जिगर)।	इसे 'निकोटिनिक एसिड' भी कहते हैं।
'सी'	शरीर के विभिन्न भागों में रक्त बहने लगता है, मसूड़े सूज जाते हैं और उनसे खून बहने लगता है। मुँह से दुर्गन्ध आती है, त्वचा, अस्थियों, हृदय और फेफड़ों के आवरण में रक्तस्राव होने के कारण बहुत कष्ट हो जाता है। इसे 'स्कर्वी' कहते हैं।	आँवला, नींबू, सन्तरा, टमाटर, पालक, करमकल्ला तथा अन्य फल और हरे शाक।	इसका दूसरा नाम 'एसकार्बिक एसिड है। यह दूध में बहुत कम मिलता है तथा उबालने से नष्ट हो जाता है।
'डी'	हड्डियाँ नरम होकर टेढ़ी–मेढ़ी हो जाती हैं।	मछली का तेल, अंडा, मक्खन और दूध तथा सूर्य की 'रश्मियाँ।	

होमियोपैथी चिकित्सा पद्धतिः विकास जरूरी

विश्व में जितनी भी चिकित्सा प्रणालियाँ प्रचलित है, उनमें आयुर्वेद सबकी जननी है। यह एक ऐसी आधार शिला है जिस पर खड़े होकर अन्य सभी चिकित्सा पद्धतियाँ पल्लवित तथा पुश्पित हुई हैं परन्तु काल की गति के साथ उसका विकास अवरूद्ध होता गया और प्रायः हर चिकित्सा पद्धति नये अन्वेशणों के साथ विकसित होती गई। इन चिकित्सा पद्धतियों में एलोपैथी चिकित्सा पद्धति का विकास सर्वाधिक द्रुतगति से हुआ और कहा जा सकता है कि आज यह पद्धति संपूर्ण विश्व पर आच्छादित हो गयी है।

आज से करीब सवा सौ वर्ष पूर्व जर्मनी के एक महान चिकित्सक समुअल हैनिमन ने ऐलोपैथिक चिकित्सा पद्धति के दोषों पर प्रथम बार दृष्टिपात किया और चिकित्सा संसार को एक बड़ी ज्योति दी जिसे हम होमियोपैथिक चिकित्सा पद्धति के नाम से जानते हैं। हम डा0 हैनिमन के ऋणी हैं जिन्होंने इतनी सस्ती, लोकप्रिय तथा ऐसी गुणकारी चिकित्सा पद्धति को संसार को उपलब्ध कराया।

होमियोपैथी तथा अन्य चिकित्सा पद्धतियों के साथ सरकार का व्यवहार विमाता के समान रहा है। यही कारण है कि होमियोपैथी में सब गुण होते हुए भी उसमें अन्वेशण, अध्ययन, अध्यापन,

उपकरण; औषधियों का निर्माण आदि की समुचित व्यवस्था का सुन्दर अवसर नहीं मिल सका और यही कारण है कि आज भी होमियोपैथिक चिकित्सा पद्धति टिमटिमाते हुए चिराग के समान जल रही है।

खुशी की बात यह है कि अब हमारी नई सरकार इस पैथी पर काफी बल दे रही है और हम लोग स्वास्थ्य मंत्री जी के आभारी हैं जिन्होंने अब इसका डाइरेक्टरेट भी अलग कर दिया है।

नीचे कुछ तथ्यों को प्रस्तुत किया जा रहा है–

1– भारत वर्ष में अभी तक फाइलेरिया के 12.6 करोड़ रोगी है, जिनमें से अब तक केवल 1.6 करोड़ को रोगमुक्त किया जा सका है।

2– आयुर्वेद एवं होमियोपैथिक चिकित्सकों का सम्मेलन नई दिल्ली में 15 जून 1970 को विज्ञान भवन में हुआ था, जिसमें प्रधान मंत्री श्री मोरारजी देसाई ने कहा था कि चिकित्सा सेवा में ऐलोपैथी पर सम्पूर्ण चिकित्सा व्यय का 99 प्रतिशत खर्च किया जाता है लेकिन गाँवों में रहने वाली 90 प्रतिशत जनता को इसका कोई लाभ नहीं मिलता। इसकी तुलना में होमियोपैथी दवायें कम मूल्य पर आसानी से सुलभ हो जाती हैं।

3– ऐलोपैथिक डाक्टर एक तरफ डायबिटीज के मरीज को सैक्रीन प्रयोग करने को कहते हैं तो दूसरी तरफ कनाडा के स्वास्थ्य मंत्रालय के अनुसंधानकर्ताओं ने पता लगाया है कि सैक्रीन में अशुद्धियाँ पाई जाती हैं जिससे कैंसर होता है और यह अशुद्धता व्यापारिक सैक्रीन के सभी नमूनों में मिलती है।

4– गर्भ निरोध के लिए गर्भनिरोधक गोलियों का प्रयोग कराया जाता है जबकि 1 अगस्त 1974 को लंदन के सबसे बड़े

सीने के विशेषज्ञ डाक्टर का कहना था कि गर्भ निरोधक गोली से सीने का कैंसर होता है।

5- हमारे देश में 90 प्रतिशत आपरेशन कराने वाले रोगियों का आपरेशन अनावश्यक होता है, जिससे उनका पैसा भी बहुत खर्च हो जाता है जबकि उसे होमियोपैथिक पद्धति द्वारा ठीक किया जा सकता है जैसे पथरी, कंठमाला, फाइलेरिया, ट्यूमर, मूत्रदोश, डिप्थीरिया, साइनोसाइटिस, गैगरीन और अल्सर आदि।

6- 15 नवम्बर 1974 को दिल्ली में दमा पर एक इण्टरनेशनल कान्फ्रेन्स हुई थी जिसमें एलोपैथिक डाक्टर इस निष्कर्ष पर पहुँचे थे कि दमा की कोई माकूल दवा एलोपैथ में नहीं है। पश्चिमी जर्मनी के डाक्टर का एक ड्रग आर्टिसोन है जिससे कुछ फायदा होता है। परन्तु इसके साइड इफेक्ट में ब्लड प्रेशर, ब्लीडिंग और डायबटीज हो जाती है।

मुझे आशा एवं पूर्ण विश्वास है कि यदि हम सभी होमियोपैथिक चिकित्सक संगठित होकर न्याय, सेवा तथा लोक कल्याण की भावना से इस चिकित्सा पद्धति को विकसित होने में पूर्ण सहयोग दें और साथ ही साथ विश्व के समस्त देशों की सरकारें इसे विकसित होने में अपना सहयोग प्रदान करें तो वह दिन दूर नहीं जब कि हमारी होमियोपैथिक चिकित्सा पद्धति एलोपैथिक चिकित्सा पद्धति को बहुत पीछे छोड़ देगी। मुझे दुःख के साथ कहना पड़ रहा है कि एलोपैथिक पद्धति में डाक्टर हैं परन्तु सही दवा की कमी है जबकि दूसरी तरफ होमियोपैथिक में दवायें हैं परन्तु सही डाक्टरों की कमी है।

जनवार्ता' (वाराणसी), 21-2-1978

राम एक योगी के रूप में

आज से नहीं वरन् शताब्दियों पहले से मनुष्य सुख और शान्ति खोजता रहा है। मानव इतिहास बताता है कि पूरे विश्व में मनुष्य ने जो कुछ भी चिन्तन और मनन किया है, या कार्य रूप में प्रयास किया है वह इसी सुख और शान्ति को पाने की पिपासा से प्रारम्भ होकर अनेकानेक शास्त्रों और पद्धतियों के रूप में विकसित हुआ है। धर्म, दर्शन, भक्ति, विज्ञान, योग, तन्त्र इत्यादि अनेक दिशाओं और विधाओं की ओर जाते-जाते वह ऐसी स्थिति में पहुंच गया है कि वह एक दूसरे का विरोधी हो गया है। सभी ने कुछ न कुछ

दिया है और सभी की अपनी–अपनी सीमाएं हैं। अन्तरद्वन्द ने बड़ा विवाद और उलझन पैदा की, झगड़े और युद्धों को जन्म दिया और सुख तथा शान्ति का प्रयास अशान्ति और तनाव के रूप में फलित हुआ। इस उधेड़बुन से परेशान होकर मानव–मानस ने कुछ ऐसा प्रयास किया जो सर्वमान्य हो और निर्विवाद हो। इस रूप में आधुनिक समय में विज्ञान ने लोगों को बहुत प्रभावित किया और निःसन्देह उसने हमारे जीवन को भौतिक सुख सुविधाओं से भर दिया। विज्ञान ने भौतिक जगत को इतना प्रभवित कर दिया है कि उसके सभी तथ्य प्रमाणित माने जाने लगे हैं। जिस विषय को विज्ञान सही कह दे उसके सत्य होने में किसी को कोई शंका नहीं रह जाती। यह होने पर भी विज्ञान मनुष्य को मानसिक सुख शान्ति नहीं दे सका। मनुष्य का जीवन और अधिक अशान्त तथा तनावपूर्ण हो गया।

विज्ञान के पहले और आज भी एक दूसरा मार्ग जो मनुष्य को प्रभावित करता रहा है, वह धर्म है। लेकिन पूर्णरूपेण धर्म का अवलम्बन इतना कठिन है कि उसे गृहस्थ जीवन में अपनाकर चलना आज के इस युग में सम्भव नहीं है।

इस प्रकार हमारे सामने जीवन के दो पहलू यानी जीवन में दो तरह की संस्कृतियां नजर आती हैं।

1. लौकिक संस्कृति

2. अलौकिक संस्कृति

लौकिक संस्कृति में, इन्द्रियपरायण जीवन को प्रधानता दिया जाता है, भौतिकवाद की बात की जाती है, भोग–विलास, सुख–सुविधा की बात बताई जाती है। खाओ–पीओ–मौज करो समझाया जाता है। इसमें प्रेय मार्ग तथा अन्नमय कोश की चर्चा की जाती है। लेकिन अन्त में हम इस निष्कर्ष पर पहुंचते हैं कि इस मार्ग द्वारा साश्वतशान्ति नहीं है।

अलौकिक संस्कृति में, इन्द्रियों से परे की संस्कृति को प्रधानता दी जाती है, आध्यात्मवाद की बात कही जाती है, इसमें ज्ञान,

शान्ति और दिव्य प्रकाश का आश्वासन मिलता है, इसमें प्रेयमार्ग तथा आनन्दमय कोश की चर्चा की जाती है, जिसके द्वारा शाश्वत शान्ति मिलती है परन्तु साथ ही यह भी देखने को मिलता है कि यह मार्ग अत्यन्त कठिन है।

इस प्रकार हम देखते हैं कि हमारे दैनिक जीवन के कार्यक्रम को सुचारू रूप से चलाने के लिए शुद्ध भौतिकवादी और शुद्ध आध्यात्मवादी बनने से काम नहीं चलेगा। हमें इन दोनों के बीच का मध्यम मार्ग अपनाना होगा और वह मध्यममार्ग, व्यवहारिक योग–मार्ग है जिसका पूर्णरूपेण वर्णन हम गोस्वामी तुलसीदास जी के रचित 'रामचरितमानस' में पाते हैं। राम एक व्यवहारिक योगी के रूप में आते हैं, जिनके सम्पूर्ण क्रिया कलाप इस ढंग से सजाया गया है जिसका अनुसरण कर समाज का हर व्यक्ति, हर क्षेत्र में एक सुसंस्कृत जीवन को प्राप्त कर लोक कल्याण कर सकता है तथा वास्तविक सुखमय जीवन यापन कर सकता है।

राम के आदर्शो पर चलकर मनुष्य आध्यात्मिक और भौतिक दोनों मार्गों के समन्वय को कायम रख सकता है। दोनों शक्तियों को समान रूप से जागरण कर सकता है।

चाहे हम किसी भी जाति में उत्पन्न हों यह कोई माने नहीं रखता। मूलचीज जो हमारे अन्दर छिपी हुई चेतना है उसको जागृत करना है जिसके लिए हमें व्यवहारिक योग–मार्ग अपनाना होगा जो राम के जीवन के आदर्श हैं। गोस्वामी जी ने राम के आदर्शो द्वारा जीव का परमात्मा के साथ अपना अभेद सदा के लिए अनुभव करते रहना और उसके कारण सब जीवों के साथ 'आत्मवत् सर्व भूतेशु' व्यवहार करना दर्शाया है और यही वास्तविक मध्यम मार्ग यानी परम व्यवहारिक योग मार्ग है। राम के जीवन का आदर्श साधन है और जीवात्मा तथा परमात्मा का अभेद साध्य है।

यों तो आध्यात्मिक पुस्तकें अनेक हैं परन्तु हमें उस तरफ जाना हैं जहां जीवन की वास्तविकता का रहस्य छिपा है, जहां पर जीवन

के चर्मोत्कर्श के साधन मौजूद हैं तथा जहां मनुष्य की शारीरिक, मानसिक एवं दैनिक जीवन की समस्याओं के समाधान पूर्ण रूप से विद्यमान हैं और यह सभी चीजें 'रामचरितमानस' में पाई जाती हैं।

सभी सूत्र के सिद्धान्त इसी निष्कर्ष पर पहुँचते हैं कि प्रकृति की विकृतियों को विकारों को छोड़ना है तो आत्मा को पकड़ना है। यानी एक का अनुरोध है तो दूसरे का विरोध है। महात्मा ईसा ने भी कहा है कि (इफ एनी मैन उड कम आफटर मी लेट हिम डिनाई हिमसेल्फ ऐन्ड टेक अप हिज क्रास डेली ऐन्ड फालो मी) यदि कोई मनुष्य मेरा अनुसरण करना चाहता है तो वह अपना अहंकार त्याग दे और प्रतिदिन अपना क्रास उठाकर मेरे पीछे हो ले।

यानी मनुष्य को मुक्ति तभी मिल सकती है जब उसकी सारी प्रक्रियाओं और पद्धतियों में राम के जीवन का आदर्श, त्याग और लोकसेवा की प्रधानता हो।

सेवा के मार्ग में पैर रखने से पूर्व हमें राममय होना पड़ेगा। हमें जाति, वर्ण, रंग रूप, धर्म अथवा स्त्री–पुरूष के भेद को सर्वदा भुला देना होगा। जैसा कि राम ने अपने जीवन पर्यन्त इसे निभाया है। नहीं तो हम कदापि इस कार्य में सफल नहीं हो सकते। इसलिए तुलसीदास जी ने लिखा है–

''सियाराम मैं सब जग जानी करहु प्रणाम जोरि जुग पानी''

lenin